TRIUNFA CON TU LIBRO

CÓMO ESCRIBIR UN LIBRO DE NO FICCIÓN EN 30 DÍAS

- Guía de 7 pasos hacia tu nuevo bestseller -

Kevin Albert

ISBN 978-9916-746-28-8

Aviso: Este trabajo se deriva de la experiencia del autor en la escritura, publicación y venta de libros. Su objetivo es informar e inspirar a otros escritores, proporcionándoles herramientas y estrategias para triunfar en su camino hacia la autopublicación. No existe una fórmula mágica para todos, por lo que las ideas y consejos expuestos deben ser seleccionados y adaptados cuidadosamente para satisfacer las necesidades, metas y deseos de cada individuo particular.

*No tienes que ser grande para empezar,
pero tienes que empezar para ser grande.*

—ZIG ZIGLAR

ÍNDICE

¡Un regalo solo para ti!

¿Te gustaría leer **mi próximo libro completamente GRATIS**? ¡Escanea el código que aparece debajo y **apúntate a mi club de lectores**!

Te esperan grandes sorpresas: sé el primero en leer mis nuevos lanzamientos, escucha mis audiolibros de forma gratuita, consigue copias firmadas y dedicadas... ¡y mucho más!

Introducción

Recuerdo que un día, cuando tenía unos siete u ocho años, la profesora me dio una nota para que se la entregase a mi madre. En ella, la citaba para que pudiesen reunirse y hablar de mí y de mi desempeño académico (por aquel entonces, no existían los grupos de WhatsApp para padres y madres de alumnos). No me acuerdo a ciencia cierta de si la reunión era para bien o para mal, aunque lo que sí recuerdo todavía es lo que me dijo mi madre al llegar a casa: «Kevin, la *seño* dice que eres un niño muy listo pero que parece que escribes mal a propósito, solo por llamar la atención».

Por desgracia, yo no escribía mal a propósito ni por llamar la atención, simplemente escribir no se me daba bien y mi letra tampoco ayudaba... ¡ni ayuda! A día de hoy cualquier persona que me vea escribir no puede evitar decirme: «Tienes letra de médico».

El miedo a escribir es algo que me acompañó hasta el final de mi época universitaria. En todos los exámenes de desarrollo siempre acababan bajándome la nota, ya fuese por no saber expresarme bien o porque no entendían mi letra. A diferencia del resto de mis compañeros, yo cruzaba los dedos para que los exámenes fuesen tipo test, pues a mí no me funcionaba aquello de «soltar el rollo» si no me sabía la lección.

Por suerte, mi afán aventurero siempre ha sido más fuerte que mis miedos y, allá por el año 2012, se me ocurrió la genial idea de convertir un trabajo del MBA que estaba cursando en la Universidad de Alicante en un libro.

¡Un libro! ¡Yo! ¡¿En qué rayos estaba pensando?!

Podría haberme limitado a juntarme un fin de semana con otros tres compañeros más y sacar un sobresaliente en ese trabajo sin demasiados problemas, pero no, decidí hacerlo yo solo... ¡y acabé dedicando **cuatro años en terminarlo**!

Te aseguro que el proceso no fue nada fácil y que estuve a punto de tirar la toalla en no pocas ocasiones. Cuatro años son muchos años. Afortunadamente, contaba con un arma secreta: mi cabezonería. Si me propongo hacer algo, tarde o temprano acabo consiguiéndolo. De esta forma, armado con esta tenacidad que siempre me ha caracterizado, fui sorteando todos los obstáculos que fueron apareciendo en el camino y, mientras me juraba a mí mismo que nunca volvería a pasar por ese calvario, averigüé el modo de poder terminar mi primer libro.

A mediados de 2016, por fin todo estaba listo y el tan deseado momento de apretar el botón de «publicar en Amazon» finalmente había llegado.

¡Clic!

¿Qué demonios ocurrió a partir de ese momento para que pasase de jurarme que no volvería a escribir un libro nunca más a convertirlo en un estilo de vida? Y lo más importante, ¿cómo pasé de escribir un libro en cuatro años a hacerlo en menos de 30 días?

Precisamente de eso va el libro que tienes entre las manos:

1. Voy a descubrirte **qué cosas maravillosas te esperan tras la publicación de tu libro** (que nunca me podría haber imaginado), para que no tengas que depender, como hice yo, de la cabezonería.

2. Voy a **mostrarte el sistema exacto que me permitió pasar de escribir un libro en cuatro años a escribirlo en 30 días o menos**, ahorrándote años de aprendizaje y de prueba y error.

Y lo mejor de todo es que no necesitas:

- Ser un gran escritor.
- Tener un título universitario.
- Ser un lector empedernido.
- Tener mucho tiempo libre.

- Ser un experto en tu campo.

- ...

Tan solo necesitas tener algo que contar al mundo.
Mi misión será enseñarte cómo hacerlo.

¿Empezamos?

Por qué escribir un libro

Seguramente, si estás leyendo este libro, piensas que tú ya tienes este punto claro y que puedes saltarte este capítulo. No cometas ese error, ya que, sin ninguna duda, este es el capítulo más importante que encontrarás a lo largo de todo el libro.

Tener un porqué **sin más** y tener un porqué **lo suficientemente importante** puede suponer la diferencia entre escribir tu libro en 30 días, tardar demasiado (como me ocurrió a mí) o, lo que es más habitual, nunca llegar a empezarlo o terminarlo.

Obviamente no todos los libros pueden escribirse en el mismo tiempo; algunos buenos libros son tan específicos y cortitos que pueden escribirse en un solo día (conozco más de un caso), y otros, por su extensión y la necesidad de investigación previa, pueden alargarse varios meses, pero en ningún caso... ¡AÑOS!

Como he dicho, mi gran «error», que supuso que mi primer libro *Branding Low Cost*[1] tardase **mucho más de la cuenta** en ver la luz, fue el no tener un porqué **lo suficientemente importante**.

Branding Low Cost empezó como un trabajo para la asignatura de Imagen e Identidad Empresarial del Máster en Administración y Dirección de Empresas de la Universidad de Alicante. Y por supuesto, dentro del sistema educativo tradicional tu porqué es muy claro: **aprobar las asignaturas**. Nadie me iba a premiar porque mi libro fuese toda una revolución en el mundo del *branding* o porque tuviese el potencial de cambiar la vida de miles o millones de personas.

---

[1] *soykevinalbert.com/books/blc*

Tan solo importaba que mi trabajo/libro fuese del agrado del profesor para conseguir una buena nota. Y así fue. Con solo veinte páginas escritas, mi trabajo fue el único en conseguir una matrícula de honor entre los más de cuarenta alumnos de aquel MBA.

Pero, una vez aprobada la asignatura, ¿cuál era mi razón para seguir escribiendo? Como seguro que habrás imaginado, ya no había ninguna. Entonces, ¿cómo conseguí terminar mi libro? Fácil, a base de fuerza de voluntad. La única fuente de energía de la que dispuse para terminar mi libro fue simple y pura «cabezonería». No se me ocurre mejor receta para asegurar el fracaso de un proyecto. A pesar de esto, y en contra de todo pronóstico, conseguí acabar y publicar mi libro, eso sí, cuatro años después.

¿Cuánto más fácil y rápido habría escrito mi libro si hubiese sabido lo que me esperaba después? ¿Cuánto habría tardado en terminarlo si hubiese sido consciente **del poder que tiene un libro para cambiar tu vida**?

Qué puede hacer un libro por ti.

En una palabra: TODO.

¿Piensas que estoy exagerando? ¿Que esa será mi opinión? Pues no. **Un libro puede satisfacer tus necesidades a todos y cada uno de los niveles.**

Y, para que no tengas que fiarte de mi palabra, te lo voy a demostrar de forma científica utilizando la pirámide de Maslow.

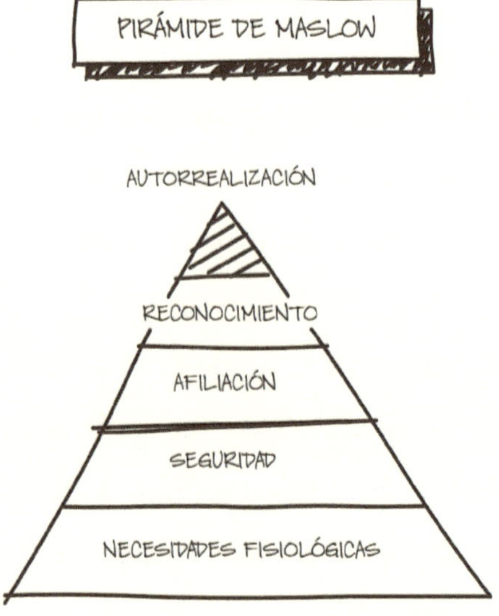

La pirámide de Maslow es una teoría de motivación que trata de explicar qué impulsa nuestra conducta mediante la representación gráfica de las necesidades humanas jerarquizadas en una pirámide de cinco niveles.

Esta teoría defiende que conforme se satisfacen las necesidades más básicas (la parte inferior de la pirámide), los seres humanos desarrollan necesidades y deseos más elevados (parte superior de la pirámide). Sin embargo, en la mayoría de las ocasiones, un libro satisfará las necesidades del escritor en orden inverso, es decir, de arriba abajo. Vamos a verlo.

1. Necesidades de autorrealización.

Todos los escritores con los que he hablado, y todos aquellos sobre los que he leído, coinciden en que terminar un libro y, sobre todo, sostener el primer ejemplar físico entre tus manos, produce una sensación de logro y realización personal difícilmente comparable. No es de extrañar en absoluto, pues acaban de conseguir llevar a cabo una proeza con la que sueña la mayoría de los mortales pero que tan solo el 1% consigue completar. No te niegues a ti mismo esta extraordinaria sensación de autorrealización.

2. Necesidades de reconocimiento.

¿Alguna vez te has preguntado qué es necesario para conseguir ser reconocido como experto sobre un determinado tema? ¿Quizá tener un título universitario? ¿Dos? ¿Tres? ¿Un máster? ¿Un blog? ¿Un canal de YouTube? ¿Una cuenta en Instagram con tropecientos seguidores?

Aparte de tener un doctorado o salir un programa de la tele —el que sea—, no se me ocurre mejor forma de conseguir un reconocimiento inmediato que escribir un libro, pero a diferencia del doctorado, este no te llevará media vida terminarlo, y menos, si sigues los consejos de este libro.

3. Necesidades de afiliación.

Prácticamente de forma paralela a la satisfacción de la necesidad de reconocimiento, llegará la de afiliación. Lo quieras o no, escribir un libro te incluirá automáticamente en el selecto club de los superescritores, un club al que, como ya he comentado, tan solo el 1% de las personas está invitado.

¿Pensabas que compartir tendencias políticas, nacionalidad o equipo de fútbol unía a las personas? Ya verás el sentimiento de compañerismo que produce juntarte con otras personas que hayan pasado por el intrincado y solitario camino del escritor. Es como llevar meses perdido en un país en el que no conoces a nadie y de pronto encontrarte con un colega de toda la vida.

Te aseguro que, en menos de un año y sin tener que hacer absolutamente nada, se habrán sumado a tu lista de amigos unas cuantas personas interesantísimas que, como tú, también hayan escrito un libro.

4. Necesidades de seguridad.

¿Crees que tener un trabajo fijo proporciona seguridad? Espera a ver la tranquilidad que producen los **ingresos pasivos recurrentes**. Es como tener una **pensión de jubilación <u>inmediata</u>** y, además, sin la incertidumbre de esta. Por si no lo sabías, todos los expertos coinciden en que las pensiones, tal y como hoy las conocemos, tienen los días contados.

Pero tranquilo, que no cunda el pánico, por eso estás aquí. Tú puedes diseñar tu propio plan de jubilación, y no solo eso, sino que puedes crear tantos planes o **libros de jubilación** como quieras.

Si eres una persona espabilada, que tu jubilación dependa de ti y no de un gobierno mezquino e incompetente, es una muy buena noticia.

5. Necesidades fisiológicas.

Como es evidente, tanto los ingresos pasivos de tu libro como los no pasivos derivados de él (servicios, charlas, etc.) van a permitirte poder alimentarte y dormir tranquilo, dos necesidades fisiológicas básicas importantísimas.

Pero hay una tercera necesidad que puede satisfacer el haber escrito un libro y que no resulta tan evidente: la necesidad reproductiva.

Porque sí, lo quieras o no, escribir un libro te va a convertir en una persona más interesante y atractiva. Lo cual, en una sociedad que presume de considerarse sapiosexual[2], me parece una mucho mejor alternativa a las clases de salsa y bachata a la hora de encontrar pareja ;)

Muy bien, ya hemos corroborado de forma científica que **un libro tiene el poder de satisfacer todas tus necesidades,** estupendo. Pero por muy impactante que pueda resultar este «titular» o por muy bonito que me haya resultado comparar los

---

[2] Sapiosexual: término que se utiliza para designar a aquellas personas que consideran a la inteligencia como el principal factor en la atracción sexual.

beneficios de un libro con la pirámide de las necesidades humanas, es posible que para ti esto no suponga **una motivación lo suficientemente importante como para asegurarte que conseguirás empezar *y terminar* tu libro**, pues seguramente, tú ya tenías todas estas necesidades —o la mayoría— cubiertas.

Así pues, si queremos encontrar una fuente de motivación que no se agote a mitad de camino, debemos ser mucho más prácticos y concretos.

Por qué escribir un libro.

Aunque existen tantos porqués como personas, voy a centrarme en los que a mí me parecen **los 7 mejores motivos para escribir un libro**:

1. Vivir sin trabajar.

La mayoría de las personas vivimos esperando a que lleguen las cinco —u ocho— de la tarde para salir de trabajar, el viernes para empezar el fin de semana, agosto para irnos de vacaciones y... los sesenta y cinco años para **jubilarnos y, por fin, poder ser libres y hacer lo que queramos**.

Mucho cuidado, porque puede que muchos no lleguemos a los sesenta y cinco, que la esperanza de vida haya aumentado para entonces y tengamos que trabajar cinco o diez años más, que las pensiones se hayan agotado, que ya no tengamos salud para disfrutarla, etc. Entonces, ¿por qué arriesgarnos? ¿Por qué esperar?

Es cierto que ganar millones de euros con tu primer libro es algo que ocurre en raras ocasiones y que depende, entre otras, de tener un talento excepcional y de un factor de suerte muy considerable.

Sin embargo, **ganar entre seiscientos y mil euros[3] mensuales de forma pasiva con tu libro tan solo requiere de una buena estrategia**.

---

[3] Pensión media en España.

Por supuesto, puede que con tu primer libro ganes algo, o mucho, más (aunque eso yo ya no puedo garantizarlo). También puede que ganes algo menos o que tú necesites el doble o el triple para poder jubilarte dignamente. Ningún problema. Tan solo tienes que escribir un libro más, o dos... ¡o los que quieras!

2. Despedir a tu jefe.

A diferencia del motivo anterior, en este no estamos buscando dejar de trabajar, sino dejar de hacerlo para el gilip*** de nuestro jefe, una idea que motiva muchísimo. En este caso, tu libro no sería tu fuente de ingresos (principal), sino **el medio para generar tus ingresos**.

Pongamos el caso extremo. Digamos que decides regalar tu libro (aunque a priori yo no lo recomiendo). Los ingresos por la venta de tu libro serían nulos, pero, en principio, llegarías a más personas que si cobrases por él, estas personas te considerarán un experto y, si has hecho bien los deberes, te convertirás en su opción preferente el día que tengan que contratar a un experto en tu materia: la de tu libro.

Tu libro puede ser la mejor campaña publicitaria para vender tus productos o servicios.

Esta es la situación más común. Incluso habiendo escrito un libro mediocre y sin ninguna estrategia, las ofertas empezarán a llegarte. La vida de muchos autores de no ficción cambia, para mejor, estuviese en sus planes o no.

Date cuenta de que ser «un experto» no es algo absoluto. Si sabes tan solo un poco más que otra persona sobre un determinado tema, para ella tú eres un experto.

Además, en tu caso, que vas a empezar con un porqué claro en mente a partir del cual diseñar la estrategia más adecuada para tu situación particular, tu vida no solo cambiará para mejor, sino que cambiará exactamente en la dirección que tú elijas.

Si hasta ahora te habías ido dejando llevar por las circunstancias y acontecimientos del día a día, este puede ser un buen momento para fijar un rumbo hacia el que navegar.

Escribir un libro es una ocasión estupenda para tomar las riendas de tu vida.

3. Conseguir el trabajo de tus sueños.

Aunque yo en mis sueños no trabajo, entiendo que muchas personas, para sentirse completamente realizadas, necesitan de la aprobación y reconocimiento que solo consiguen cuando X persona o empresa los consideran lo suficientemente buenos como para trabajar para ellos. Si este es tu caso, escribir un libro multiplicará por cien (este dato me lo estoy inventando, aunque no creo que esté muy desencaminado) las posibilidades de ser el candidato elegido, ¡incluso sin necesidad de que haya un proceso de selección abierto!

Sí, esto quiere decir que si escribes un libro con el objetivo en mente de conseguir un determinado puesto de trabajo, prácticamente puedes publicarlo y tumbarte a esperar a que te llamen y sea la empresa la que se cualifique —ellos y no tú— para ser la opción elegida. Ten preparadas «tus» condiciones.

Aunque pueda sonar a fanfarronada, no es más que sentido común. Si has escrito un libro sobre una determinada materia, entre tu público objetivo —tus posibles lectores— seguramente se encuentra el responsable de contratación de la empresa —o del tipo de empresa— en la que te gustaría trabajar. Y si, además, has escrito el libro demostrando que eres un experto en la materia y «dejando caer» (por ejemplo, en tu perfil de LinkedIn) que estás abierto a ofertas de empleo interesantes y que te supongan un desafío —esta última les encanta—, tienes muchas posibilidades de saltar por encima de gente igual o incluso mucho más preparada que tú.

Un libro es el máximo exponente de postureo del «experto».

Con esto no quiero decir que, si tu intención es encontrar trabajo, debas olvidarte de la búsqueda activa de empleo; tan solo quiero recalcar la ventaja competitiva que un libro puede suponer a la hora de ser el candidato ganador.

Ahora toca idear una buena estrategia para asegurarte de que tu libro acaba en las manos indicadas.

4. Olvidarte de tu hipoteca.

Puede que en tu caso no estés buscando dejar de trabajar, tu jefe te caiga estupendamente y ya hayas encontrado el trabajo de tus sueños. Es posible que consideres que tu vida ya es perfecta tal y como está. Pero, ¿no sería un poco más perfecta si pudieses olvidarte de tu hipoteca, cambiar de coche cada dos años en lugar de cada veinte o irte de vacaciones más a menudo o a lugares más exóticos?

Tú decides. ¿Cuál es ese gasto que te resta un poquito de felicidad todos los meses? ¿Qué capricho llevas años posponiendo hasta tener un aumento de sueldo o que te toque un pellizquito en la Lotería?

Los ingresos recurrentes de tu libro te permitirán aumentar en varios puntos tu calidad de vida. Piensa que a partir del momento en que publiques tu libro en Amazon (u otro), todos los meses y de forma puntual, recibirás un cheque o un ingreso en tu cuenta con los beneficios de las ventas de tu libro —tus *royalties* o regalías—, sin que tú tengas que hacer nada y para siempre[4]. Amazon se encarga absolutamente de todo, por lo que tú solo tienes que decidir en qué quieres emplear tu nuevo «aumento de sueldo».

5. Vivir viajando.

La gran mayoría de las personas, a la pregunta de «qué harías si te tocase la Lotería», responden sin pensar «viajar», «viajar más» o «viajar por el mundo». Personalmente pienso que esta respuesta es

---

[4] Nadie sabe si Amazon durará toda la vida o si cambiará sus condiciones sin previo aviso. No te preocupes, hay muchas formas de prescindir de Amazon. Por el momento, tu único objetivo —y la meta de este libro— es empezar y terminar tu libro.

automática y revela que esa persona nunca se ha parado a pensar realmente qué haría si pudiese hacer cualquier cosa o si el dinero no fuese un problema. Incluso mi madre, que no puede estar fuera de casa más de unas pocas horas, responde lo mismo. No sé yo...

En cualquier caso, tanto si este es realmente tu sueño como si quieres probar por un tiempo a ver qué tal, escribir un libro también tiene este poder. Además, tienes varias opciones entre las que elegir la que mejor se adapte a ti y a tu situación particular:

a) Vivir viajando - sin trabajar:

  - Viajas gracias a los ingresos pasivos que genera el libro —o libros— que ya has escrito.

b) Vivir viajando - mientras trabajas:

  - Viajas gracias a los servicios que vendes a través de tu libro. Tus servicios deben poder ofrecerse de manera no presencial u *online*.

- Viajas gracias a los ingresos pasivos que genera tu libro y sigues creando nuevos títulos. Si no puedes ofrecer tus servicios sin estar presente, puedes hacer de escribir libros tu nuevo trabajo.

Lo más bonito de esto es que, si realmente quieres, puedes empezar prácticamente enseguida. Por ejemplo, si no te importa empezar por, digamos, Tailandia, tan solo necesitas unos ingresos —pasivos o no— de trescientos euros al mes, un objetivo muy fácil de conseguir.

Puede que te enamores del país y decidas quedarte para siempre, sin tener que trabajar nunca más, o puede que te entre el gusanillo de visitar otros países (o quieras mejorar tu nivel de vida en el mismo). Puesto que vas a tener mucho tiempo libre, ¿por qué no escribir otro libro? Incluso podrías escribir sobre tu experiencia. Imagina: *Cómo me jubilé y me mudé a Tailandia después de escribir mi primer libro.*

Cuando publiques tu nuevo manuscrito tendrás el doble de ingresos pasivos —si no más—, puesto que seguro que has aprendido muchas cosas desde que publicaste el primero.

Ahora que has decidido doblarte el sueldo, tal vez quieras probar a vivir en Bali. He oído que es una pasada y que con novecientos euros al mes vives «como un rico», con tooooooodo incluido. ¿Y si desde aquí publicas un libro más? ¿A dónde quieres mudarte ahora? Está bien la idea, ¿eh? Lo mejor de todo es que es **más que factible**.

¿Ya vas cogiendo carrerilla para ponerte manos a la obra?

6. Ser inmortal.

Desde siempre me ha fascinado esta idea. De pequeño era fan de la saga *Los Inmortales* y hoy en día alucino con los episodios de *Black Mirror* relacionados con este tema. Incluso sigo las noticias sobre nuevos descubrimientos tecnológicos y científicos que aseguran que, en un futuro no muy lejano, podremos vivir para siempre. Pero hasta que eso llegue —si es que llega en algún momento—, la mejor forma de garantizar tu inmortalidad es dejar un legado.

Seguro que has oído aquello de: «antes de morir hay que tener un hijo, plantar un árbol y **escribir un libro**». En realidad, los tres enunciados giran en torno a la misma idea, la de dejar un legado, la de ser inmortal.

Dicen que solo mueres completamente cuando ya no hay nadie que te recuerde. Escribir un libro es una estupenda forma de mantener vivo tu recuerdo para siempre y, al contrario de lo que yo mismo pensaba de pequeño, mucho más fácil, rápido y con menos esfuerzo que tener un hijo :)

7. Cambiar el mundo.

He decidido dejar este motivo para el final porque este es «mi motivo». Esta es mi mayor fuente de energía, mi porqué, mientras escribo estas líneas.

Personalmente, pienso que se puede medir el valor o la grandeza de una persona por el número de vidas que ha conseguido tocar o mejorar. Como emprendedor en serie que soy, cada uno de mis proyectos, que son muchos, suele nacer como medio de cubrir una necesidad insatisfecha en las personas.

El problema es que, cuando se hace necesaria tu intervención directa para conseguir un cambio en la vida de estas personas, el potencial de cambiar el mundo disminuye radicalmente. ¿A cuántas puedes atender u ofrecer tus servicios en un año? ¿Diez? ¿Cincuenta? ¿Mil?

Incluso en el muy improbable caso de que pudieses tocar la vida de mil personas al año, este sigue siendo un número insignificante. Tu potencial está tremendamente limitado porque necesitas dedicar X minutos u horas a cada persona para conseguir un cambio significativo en ellas y claro, un día tiene veinticuatro horas y tú no puedes multiplicarte.

¿O sí?

Un libro te permitirá «multiplicarte» y así aumentar exponencialmente tu potencial para llegar y tocar la vida de millones de personas, en cualquier parte del mundo y con un producto asequible para todos los bolsillos.

¿Tienes un mensaje importante que compartir? ¿Algo que crees que todos deberíamos saber? O «simplemente», ¿sabes hacer las mejores tortillas de patata de todo el mundo o conoces un truco para viajar más barato?

Sin duda, hay decenas de formas de expandir tu mensaje y tu conocimiento más allá del uno a uno: conferencias, un blog, un canal de YouTube, etc.; todas ellas perfectamente válidas. Aun así, mi consejo es que empieces con un libro. A partir de aquí se te abrirán decenas de puertas y oportunidades para seguir amplificando tu mensaje, pero antes debes dar el primer paso.

¿Estás listo para empezar tu primer libro?

Excusas y bloqueos al escribir un libro: cómo superarlos

¿Ya tienes tu porqué claro... y por escrito? ¡Enhorabuena! Acabas de completar el paso más importante en el camino de todo escritor de éxito.

Si has elegido un porqué lo suficientemente importante, nada podrá impedir que termines tu libro.

Pero digamos que simplemente has elegido *un buen porqué*. Los buenos porqué están muy bien y, por sí solos, ya te sitúan muy por delante de aquellas personas que únicamente empezaron a escribir porque un día se sintieron motivadas, pero no son infranqueables.

¿Qué diferencia hay entre un *buen* porqué y un porqué *lo suficientemente importante*? Vamos a verlo con un ejemplo:

- **Un buen porqué**: «me gustaría» escribir un libro para conseguir un mejor trabajo con el que me sienta más realizado.

- **Un porqué lo suficientemente importante**: «tengo que» escribir un libro si quiero garantizar el futuro de mis hijos[5].

¿Quiere decir esto que si solo tienes un *buen porqué* no terminarás tu libro? No, tan solo quiere decir que vas a tener que prepararte para **las temidas excusas y bloqueos del escritor**. Y créeme cuando te digo que llegarán.

---

[5] Este es un porqué real de un cliente y amigo que todos los meses mete una parte de los ingresos obtenidos con su libro en Indexa Capital (*soykevinalbert.com/indexa*). Hemos calculado que cuando su hijo tenga 22 años, en el fondo habrá entre 50.000€ y 120.000€.

Si tu porqué no es lo suficientemente importante, tus excusas lo serán.

¿Alguna vez te has apuntado al gimnasio completamente convencido de que, esta vez sí, conseguirías el cuerpo de tus sueños o perderías esos kilitos de más? ¿Qué pasó con tu motivación a las pocas semanas? Pues que tu energía *puntual*, o lo que es lo mismo, *tu buen porqué*, se topó con las *excusas imperecederas:* «creo que hoy no iré porque está lloviendo», «hoy he tenido un día de mier** y me merezco descansar», «hoy he tenido un día maravilloso y hay que celebrarlo», ...

Como entrenador personal, una de las partes más importantes de mi trabajo es preparar a mis clientes para estas excusas que acabarán llegando tarde o temprano, porque si esperamos a que aparezcan para tomar cartas en el asunto, ya será demasiado tarde.

Al igual que ocurre en el *fitness*, las excusas o bloqueos del escritor son siempre los mismos, pero no te preocupes, tengo buenas noticias: tienen fácil solución.

Las 5 excusas y bloqueos más frecuentes del escritor.

1. Un libro tiene que ser perfecto.

Sin ninguna duda, este es mi principal bloqueo. Desde siempre he sido muy perfeccionista y esta característica hace que todos mis proyectos se demoren mucho más de lo que deberían. Y por supuesto, no me iba a librar de este bloqueo a la hora de escribir mi primer libro.

Si normalmente soy perfeccionista, incluso con las pequeñas tareas que no tienen ningún tipo de impacto en mi vida, imagina el esfuerzo inhumano e innecesario que dediqué a *Branding Low Cost*. Claro, era mi primer libro y muy posiblemente el último (o eso pensaba yo), iba a ser mi legado y a demostrar lo bueno o mediocre que soy, la gente me iba valorar por él, una vez publicado ya no podría modificarlo, ...

Estas y muchas más ideas pasaban por mi cabeza y se repiten en cabeza la de muchos otros escritores nóveles. Pues déjame que te diga algo: lo primero es que la mayoría de esas ideas no son ciertas, y lo segundo y más importante es que el éxito de un libro de no ficción no radica en lo bien escrito que esté, sino en que cumpla lo prometido.

A diferencia de los libros de ficción, el lector no busca en ellos «solo» entretenerse o disfrutar del placer de la lectura. Cuando compramos un libro de no ficción buscamos aprender algo, queremos solucionar un problema concreto, adquirir una nueva habilidad, etc.

Por tanto, aunque tu libro no sea perfecto o incluso siendo un completo desastre en cuanto a ortografía, gramática y estructura (entre otras), **si al terminar de leer tu libro, una persona siente que ha encontrado en él lo que andaba buscando, tendrás un lector satisfecho.**

¿Quieres decir esto que tienes mi permiso para escribir un texto infumable? ¡Para nada! Tan solo quiero decir que centrarte en cumplir tu promesa te permitirá superar la *parálisis por análisis* o el *bloqueo por perfeccionismo*. Después, ya tendremos tiempo de preocuparnos por las formas.

¿Aún no lo ves claro? Aquí te dejo unos *tips* más que te ayudarán superar este bloqueo:

- Lo que para ti puede ser tan solo un borrador, para otra persona puede ser un libro terminado.

- Tu libro pasará por un meticuloso proceso de edición (o varios) antes de publicarse, así que *relax*.

- Cuando alguien lee tu libro en *Kindle*, tiene la opción de informarte de forma automática si encuentra algún error, así que de alguna manera es como tener a todo un equipo de editores trabajando para ti. No suena nada mal, ¿eh? Pero cuidado, no dependas de exclusivamente de ellos.

- **La impresión bajo demanda de Amazon te permite hacer correcciones y mejoras SIEMPRE**. ¿Has olvidado un acento? ¿Un lector te ha comunicado un error? ¿Quieres añadir información adicional? Ningún problema: modificas el archivo, lo vuelves a subir y listo. Esta es la magia de este tipo de impresión —entre muchas otras ventajas—.

Recuerda: lo perfecto es enemigo de lo bueno.

2. Tengo que ser un experto para escribir un libro.

Como ya hemos visto, NO necesitas ser un experto para escribir un libro, ni tener un doctorado o haber leído todos y cada uno de los libros, artículos y publicaciones sobre un determinado tema. Sin embargo...

Escribir un libro te convertirá en un experto.

No hay mejor manera de convertirse en un experto en algo que tener que enseñar ese *algo* a otra persona.

Tengo tantos ejemplos locos de personas cercanas que no se cuál elegir para no convertir este punto en un libro independiente. Yo mismo soy un ejemplo de ello pues, aunque empecé a escribir *Branding Low Cost* porque tenía mucha experiencia y cosas muy interesantes que decir sobre el tema, por aquel entonces yo no era más que un estudiante y a nadie se le habría ocurrido siquiera consultarme sobre el tema. Hoy, soy el mayor experto en *branding low cost* (o lo que es lo mismo, en creación de marca con bajo presupuesto) y recibo ofertas de empresarios y emprendedores de todo el mundo para ayudarles con sus marcas, pagándome muy bien por ello (hasta **cien veces más** que en mi último trabajo por cuenta ajena). Pero como digo, yo ya sabía mucho del tema. Yo ya era un experto. Mi libro, en gran medida, tan solo me dio alcance y visibilidad. Así que, para ayudarte a romper este bloqueo, voy a contarte uno de esos casos locos que he comentado, uno en el que fue el huevo antes que la gallina (¿o era al revés?). Es decir, el libro antes que el experto:

Después de pasarme dos años trabajando como fisioterapeuta recorriendo el mundo a bordo del mayor crucero de la compañía *Royal Caribbean*, quise aprovechar los conocimientos en ventas aprendidos durante todos aquellos meses[6]. Por eso, a mi regreso a España presenté una solicitud para trabajar como comercial, pues parecía que era el único trabajo en el que tendría la posibilidad de cobrar un sueldo, al menos, cercano al que cobraba en el barco.

Durante los dos años siguientes fui ascendiendo en una empresa del sector del tratamiento de aguas, vendiendo principalmente depuradoras (osmosis) domésticas. En este tipo de empresas, por lo general, los empleados trabajaban como autónomos y el sueldo provenía íntegramente de las

---

[6] Aparte de tener la carrera de Fisioterapia, para trabajar en muchas compañías de cruceros te obligan a pasar varios meses en las instalaciones de la compañía *Steiner* en Reino Unido, donde piensas que van a enseñarte nuevas técnicas de tratamiento cuando lo que en realidad te enseñan es *cómo venderle un peine a un calvo*.

comisiones de venta. De esta forma, cuantos más comerciales hubiese *pateando la calle*, mejor. Esto se traducía en más posibilidades de que saliesen ventas. Todos eran bienvenidos. Ya había que ser muy penoso para que la empresa, a la que no le suponías ningún gasto, te echase.

Pues bien, yo conocí a uno de esos penosos. El chico, que se había presentado como un crack de las ventas, no era capaz de vender absolutamente nada, pero como estaba cobrando el paro, el tío allí aguantaba como un campeón. Finalmente, la empresa tuvo que despedirlo, más que nada porque desmotivaba a los nuevos comerciales que llegaban. Imagínate el panorama.

Seguramente, más bien por una cuestión de suerte que de estrategia, este chico decidió aprovechar sus últimos meses de paro para subsistir mientras escribía un libro. ¿Y sobre qué escribió? ¡Sobre ventas! ¡Ole tú! ¿Qué cómo sé yo eso? Porque un compañero que siguió trabajando para la empresa me llamó al cabo de unos años para contarme lo siguiente:

La empresa había preparado un viaje de formación para todos los jefes de equipo a Madrid. Allí, durante dos días iban a asistir a una serie de conferencias sobre técnicas de venta impartidas por los mayores expertos en la materia de toda España.

¿Adivinas quién era uno de los ponentes?

Efectivamente, ¡el penoso! Que además tenía la jeta de contar que lo habían echado de su trabajo por no vender y que, tras escribir su libro, ahora se dedicaba a dar conferencias y a asesorar a los equipos comerciales de grandes empresas.

Mi amigo me contaba: «Tío, después de la conferencia me acerqué a hablar con él y el cabrón había cobrado por esa charla de 45 minutos más de lo que cobro yo en un buen mes de ventas. ¡Y dice que suele impartir de 2 a 5 conferencias por mes!».

Como te decía, una auténtica locura. Esto sería un claro ejemplo de lo que yo conozco como un vendehúmos y de lo que hablo largo y tendido en *Branding Low Cost*.

Con este ejemplo, ni mucho menos, te estoy animando a convertirte en un vendehúmos más utilizando un libro como punto de partida. Tan solo quiero quitarte ese miedo irracional que puede llegar a paralizarte a la hora de empezar a escribir por no considerarte el mayor experto en la materia.

3. Yo no soy escritor (o no me gusta o no sé escribir).

Si cuando iba al colegio alguien me hubiese contado que algún día escribiría un libro, que me convertiría en autor de un bestseller internacional o que acabaría ayudando a personas de todo el mundo a escribir sus propios manuscritos «y a vivir de ellos», habría pensado que se le había ido la cabeza.

Como ya te he contado, mi capacidad de expresión escrita nunca fue mi fuerte, a lo que se sumaban mis innumerables faltas de ortografía y mi letra de médico. Por suerte para mí (y para ti), hoy en día, para poder vivir de tus libros NO necesitas ser un gran escritor. **Tan solo necesitas tener un mensaje que**

compartir; un conocimiento o experiencia que pueda ayudar otras personas.

Si, como a mí, no te gusta o no se te da bien escribir, deja la parte técnica a tu editor (lo veremos más adelante). **Tú céntrate en escribir un borrador de aquello que quieres contar**. También puedes grabarte en audio si lo prefieres y luego ya encargarás a otra persona que haga la transcripción o podrás usar algún programa informático gratuito para ello.

Incluso podemos ir un poco más lejos. No es ningún secreto que muchos escritores, tras haber alcanzado la fama con uno de sus libros, se han servido de los servicios de un *negro* o *ghostwriter* (escritor fantasma) para poder *echarse a dormir* o *vivir del cuento*. Si no estás familiarizado con esta terminología, un *negro* no es ni más ni menos que un escritor profesional a quien se contrata para escribir por cuenta de otra persona o bajo su nombre.

Esto, que hasta hace bien poco era un servicio elitista y de difícil acceso, hoy en día podemos encontrarlo con una sencilla búsqueda en Google. Y no solo *ghostwriters* que trabajan por su cuenta, sino auténticas plataformas de escritores profesionales dispuestos a escribir nuestros libros por unos pocos céntimos por palabra. ¿De verdad pensabas que ese político o famosillo de turno había sido capaz de escribir un libro de seiscientas páginas?

Cada vez que se te pase por la cabeza que tú no eres capaz de escribir un libro, **acuérdate de que Belén Esteban[7] escribió uno de los libros más vendidos en España** *sin saber decir ni «almóndiga».*

4. El mito del libro impreso.

Cuando empiezas a plantearte seriamente el escribir un libro, uno de los primeros miedos que te asaltan es «un libro debe tener al menos X páginas»,

---

[7] Por si no eres de España y para resumir, Belén Esteban es una muchacha que lleva años saliendo en televisión (y cobrando muy bien por ello) por haber tenido un "romance" con un famoso torero allá por el 95.

«yo no tengo tanto que decir», «necesito recopilar más material para escribir un libro *decente*», ...

Yo mismo estuve en esa situación. Cuando empecé a escribir mi primer libro, estaba convencido de que no tenía tanto que contar y que no llegaría a escribir más de unas pocas páginas. Y esto no hizo más que empeorar cuando me enteré de que Amazon, la plataforma que había elegido para autopublicarlo, requería de al menos cien páginas para poder incluir un lomo. ¿Cómo iba a publicar un libro sin lomo? ¡Eso parecería más un folleto publicitario!

Déjame que te cuente algo que acabará con este bloqueo rápidamente.

Primero:

Aunque pueda parecerte que no tienes tanto que contar, ya verás que, cuando te pongas a escribir, acabará siendo mayor problema el no saber cuándo parar o qué excluir de tu libro para no ser excesivamente pesado y acabar aburriendo al lector que la falta de contenido.

Si por cualquier motivo esto no fuese así y te parece que tu libro ha quedado muy finito (aunque lo dudo), tienes varios trucos a tu disposición:

- Hacer la letra un poco más grande.
- Elegir una fuente que ocupe algo más de espacio.
- Aumentar el espaciado entre letras y/o párrafos.
- Seleccionar un formato de libro más pequeño —Amazon (KPD) te ofrece una gran variedad de tamaños—.
- Incluir fotos, dibujos y esquemas, eso sí, procurando que añadan valor y estén bien integrados.

Ya verás qué sencillo es llegar a las cien páginas y poder incluir un señor lomo en tu libro combinando estos sencillos consejos, aunque como te digo, seguramente no te sea necesario. Yo mismo, que soy más bien escueto explicándome, había calculado llevar unas diez páginas en este punto del libro y, antes de hacer limpieza, llevo más de cincuenta. Fíate de mí cuando te digo que extenderte de más será mayor problema que quedarte corto.

Y segundo:

No solo a los escritores nos es difícil encontrar tiempo para ponernos a escribir, sino que a los lectores también les cuesta cada vez más encontrar tiempo para sentarse a leer. Es por ello que los libros cortos disfrutan cada vez de más éxito. Tanto es así que Amazon ha creado una categoría especial para ellos, la de los *short reads*, que agrupa aquellos títulos que tardan entre once minutos y dos horas en leerse.

Por último, te comparto algunos datos interesantes que te ayudarán a superar el miedo de escribir un libro «demasiado» corto:

- En los libros de no ficción, las personas prefieren lecturas cortas de entre diez mil y veinte mil palabras en total.

- El porcentaje de libros cortos que los lectores terminan de leer es mucho mayor que el porcentaje de libros más extensos. Las personas quieren libros enfocados en un problema específico, no grandes compendios que abarquen todos y cada uno de los aspectos sobre un determinado tema.

- Es más fácil promocionar varios libros pequeños que uno solo y extenso.

- Tener varios libros en una categoría (de Amazon) y no solo un GRAN libro, te ayuda a dominar esa categoría.

5. No tengo tiempo.

Para terminar, he dejado una de las excusas que oigo más a menudo: «es que yo no tengo tiempo» o «escribir un libro es mucho trabajo».

En primer lugar, con el sistema adecuado, escribir un libro no requiere de mucho trabajo, así que no importa que no tengas tiempo.

Yo mismo **he escrito y publicado este libro, más otros cuatro libros, en menos de tres meses** y al mismo tiempo que lanzaba mi primera campaña de *crowdfunding*, gestionaba la fabricación de XQUAT® (el primer gimnasio portátil profesional del mundo), asesoraba a dos grandes empresas con sus embudos de venta, a tres clientes con el lanzamiento de sus libros, me iniciaba en inversión en bolsa a largo plazo y terminaba mi certificación en *Coaching Behaviour Change*. ¡Ah! Y por supuesto, en lo personal, he tenido tiempo para Netflix, entrenar «mi horita semanal», meditar un mínimo de tres veces por semana, leer, irme de cañas y tapas, etc.

En este libro voy a enseñarte cómo puedes terminar tu libro en tan solo 30 días dedicando aproximadamente una hora por día aunque, como yo, tengas una agenda muy apretada.

Como ves, para escribir un libro no necesitas ser un Premio Nobel de Literatura ni tener todo el tiempo libre del mundo. Tan solo necesitas reservar una hora al día para hacer «tus deberes». O lo que es lo mismo: **para escribir un libro únicamente necesitas un poquito de disciplina**.

En cualquier caso, si quieres escribir tu libro, pero sabes que la constancia no es lo tuyo, estaré encantado de ayudarte personalmente y «cobrarte muy bien por ello». No te imaginas la cantidad de gente a la que he puesto *en forma* como entrenador personal y a la que he ayudado a terminar sus libros simplemente por «estar ahí» para recordarles que toca escribir o salir a andar/entrenar. Una «alarma» cara pero muy efectiva. Si es tu caso, ¡*call me!* ;)

Qué escribir: cómo dar con la idea perfecta para tu libro

Una de las cosas que más suelo escuchar tanto por parte de amigos y conocidos como también por parte de mis clientes es: «me encantaría escribir un libro, pero no sé muy bien sobre qué».

Tanto si te encuentras en esta situación como si, por el contrario, tienes decenas de ideas y tu problema es que no sabes por cuál empezar, este capítulo te será tremendamente útil. Incluso si tienes las cosas muy claras con un único libro en mente (lo cual es bueno), realizar el ejercicio que te voy a proponer a continuación tal vez pueda ayudarte a encontrar un mejor enfoque desde el que empezar a escribir.

4 estrategias para para dar con la idea perfecta para tu libro.

1. Por qué cosas suelen preguntarte a menudo.

(Conocimientos)

Obviamente, si eres abogado, médico, fisiotera-peuta... tu entorno te va a bombardear con preguntas relacionadas con tu profesión, pero no hace falta tener una carrera universitaria. Estoy seguro de que, a mi vecino, que empezó el gimnasio hace menos de seis meses y desde entonces se ha metido más química en el cuerpo que un caballo de carreras, le preguntan mucho más que a mí —que tengo formación universitaria tanto en salud como en deporte y llevo entrenando desde hace más de veinte años— cómo consigue tener los bíceps más grandes que la cabeza o cuál es el mejor ejercicio para tener abdominales.

No me cabe duda de que tú también eres «experto» en algo. Recuerda que con saber un poquito más que la otra persona sobre un determinado tema, para esa persona ya eres un experto.

Piensa: ¿sobre qué cosas te suelen preguntar? ¿Haces una paella buenísima y todo el mundo quiere saber tu receta? ¿Has montado un blog o una página web? ¿Adelgazaste quince kilos con la dieta del cucurucho? ¿Sabes cómo hacer que Amazon te regale cosas (mi primo es un crack en eso)?

No importa lo simple que parezca o que se pueda encontrar información sobre el tema buscando en internet. Si puedes ahorrar tiempo plasmando tu conocimiento de forma coherente y ordenada, habrá muchas personas dispuestas a pagar por ello.

2. Obstáculos/desafíos por los que has pasado.

(Experiencias)

Este tipo de conocimiento o experiencia es muy apreciado. Nada vende mejor que aquellas historias del tipo «cómo toqué fondo y logré salir del agujero». Es un tipo de recurso utilizado en *copywriting* o escritura persuasiva, conocido como «el viaje del héroe», que da una gran autoridad y credibilidad y que puede transformar un libro cualquiera en todo un *bestseller*.

Pregúntate a ti mismo por qué situaciones difíciles has pasado a lo largo de tu vida: ¿saliste de una situación de violencia de género? ¿Superaste una adicción al alcohol u otras drogas? ¿Has pasado por un cáncer? Puede que solo con leer las preguntas ya se te hayan puesto los pelos de punta (especialmente si es un tema que te toca de cerca). Imagina el poder que puede llegar a tener este tipo de libros.

Pero no hace falta que nos pongamos tan dramáticos. Fíjate, este libro terminé de escribirlo durante el estado de alarma por el coronavirus de 2020 en el que tuvimos que recluirnos por más de treinta días en nuestras casas. Si tu también pasaste por este periodo de confinamiento, seguro que ya tienes un desafío sobre el que escribir:

¿Cómo superé un estado de reclusión...

- ...y aproveché para escribir un libro?
- ...y no me volví majara?
- ...y me puse en forma?
- ...sin divorciarme de mi pareja?
- Etc.

3. Qué cosas te gustan.

(Intereses)

¿Quieres saber la forma más fácil de encontrar un buen tema para tu libro? Echa un vistazo a:

- Los libros de tu estantería.
- Las revistas que lees.
- Las páginas webs que visitas.
- Los programas que ves.
- Etc.

Seguramente ya dedicas una buena cantidad de tiempo a leer, ver y consumir todo tipo de material relacionado con eso que tanto te gusta y que sería un muy buen tema para tu libro.

¿Te encanta correr y tienes todos los números de la revista *Runner's World*? Podrías escribir un libro recopilando los mejores consejos y trucos de alimentación para aquellas personas que quieran empezar a correr.

¿Eres como mi madre y ves todos los *realities* sobre reformas, decoración y alquiler o venta de casas? (Cuando digo que los ve todos, son TODOS). ¿Además tienes todas las revistas de *El Mueble, Nuevo Estilo, MiCasa, Interiores...?* (Sí, también las tiene). Puedes escribir un libro sobre cómo decorar tu casa con poco dinero para aumentar el valor de alquiler o venta.

Lo mejor de esta estrategia es que disfrutarás haciendo la investigación para tu libro, pues estarás aprendiendo más de aquello que te apasiona.

4. Qué cosas interesan a otras personas.

(Beneficios)

Si no hay nada sobre lo que te suelan preguntar, no has superado ningún obstáculo en tu vida que merezca la pena contar ni tienes interés por ningún tema en particular (cosa que me extrañaría mucho), no tienes por qué preocuparte. Puedes escribir sobre los intereses de otras personas.

Esto tiene una gran ventaja a la hora de vender tu libro (no tanto a la hora de escribirlo), pues escribes sobre un tema previamente validado por el que hay un buen número de personas que están dispuestas a pagar.

¿Y cómo sabes cuáles son estos temas?

a) Categorías y subcategorías de Amazon.

Ve al departamento de libros de Amazon y empieza a navegar por el menú que aparece a la izquierda. Allí descubrirás subcategorías que nunca hubieses imaginado que existían. Si hay una cantidad considerable de libros sobre un determinado tema en el catálogo de Amazon, puedes apostar a que existe audiencia para este, por extraño que a veces pueda parecer.

b) Revistas publicadas.

El negocio editorial de publicación de revistas vive de la publicidad que pagan las empresas por salir en sus páginas. La forma de convencer a estas empresas para que contraten sus servicios es demostrarles que existe un amplio segmento de la población interesada en su temática, por lo tanto, ir al kiosco y echar un vistazo a su selección de revistas es una buena forma de dar con ideas sobre las que escribir un libro con clientes potenciales garantizados.

c) Cursos *online* en Udemy, Domestika, etc.

Cada vez son más las personas que, cuando deciden aprender algo nuevo, se decantan por un curso *online*, especialmente desde que plataformas como Udemy ofrecen muy buenos cursos por menos de lo que cuesta un libro. Esto hace que la variedad y calidad de estos cursos sea cada vez mayor y que estas plataformas sean un lugar increíble para dar con nuevas ideas para tu obra.

Brainstorming.

Ahora que ya conoces cuatro estrategias diferentes para dar con una buena idea para tu libro, es hora de ponernos manos a la obra. Para ello, tan solo vas a necesitar reservar entre quince y treinta minutos en tu agenda, lápiz y papel.

Durante esos minutos que has reservado, vas a escribir tantas ideas como puedas sobre cada una de las cuatro estrategias que acabamos de ver. Seguro que habrá unas estrategias donde surgirán más ideas y otras donde menos, pero intenta apuntar al menos cinco ideas para cada una.

Es importante que para esta parte uses lápiz y papel y dejes apartado el ordenador o móvil por el momento (y esto te lo dice un *techie* compulsivo). Durante el proceso de escritura a mano usamos una parte diferente del cerebro y esto nos ayudará a dar incluso con más ideas.

Cómo elegir qué libro escribir primero.

Mientras que para algunas personas será difícil dar con una buena idea que convertir en un libro, para otras será justo lo contrario. Puede parecer que este es un buen problema al que enfrentarse, pero lo cierto es que puede llegar a crear lo que se conoce como «parálisis por análisis».

Si este es tu caso, hazte las siguientes preguntas:

- ¿Sobre qué idea te gustaría más escribir?

- ¿Qué libro piensas que se vendería mejor?

- ¿Qué libro podrías terminar antes?

Estas son las tres preguntas que me planteo yo tanto a la hora de escribir un libro como de crear un nuevo proyecto (en este caso suelo añadir «cuál requiere de una menor inversión»).

Según el momento y la situación en la que te encuentres, unas preguntas tendrán un mayor valor que otras. Si, por ejemplo, acabas de quedarte sin trabajo y necesitas conseguir unos ingresos suficientes como para cubrir tus necesidades, obviamente deberías fijarte en qué libro tiene el mayor potencial de generar ventas.

También puede que tengas todas tus necesidades cubiertas y lo que busques sea sentirte autorrealizado compartiendo con el mundo aquello que tanto te apasiona. O puede que te hayas tomado unas minivacaciones y la prioridad sea el tiempo, pues te has decidido a terminarlo antes de volver a tu rutina.

Puesto que cada pregunta tendrás un cierto peso, te será útil usar un cuadro de puntuación:

	Libro 1	Libro 2	Libro 3	...
¿Sobre qué idea te gustaría más escribir?				
¿Qué libro piensas que se vendería mejor?				
¿Qué libro podrías terminar en menos tiempo?				

Asigna una puntuación del 1 al 3 a cada pregunta y a cada libro. Una vez hayas terminado, suma las puntuaciones y obtendrás una buena perspectiva de cuál es el libro por el que tendrías que empezar.

Si en este momento de tu vida alguna de las preguntas tiene un mayor peso que las otras, como he comentado en los ejemplos, dale una puntuación doble, es decir, 2, 4 y 6 en lugar de 1, 2 y 3.

Si después de hacer este ejercicio sigues sin saber qué libro escribir, calma. Tómate unos días y vuelve a empezar. Piensa que muchos escritores noveles tienen que rehacer el ejercicio varias veces hasta que esa idea que llevan dentro por fin sale a la luz.

Y por último... No te estreses.

Incluso si dedicas uno o dos meses a escribir un libro que no acaba convirtiéndose en un *bestseller* del *New York Times*, todavía:

- Tendrás un activo capaz de generarte una vía de ingresos pasivos recurrentes.
- Habrás aprendido mucho sobre el proceso de escribir un libro.
- Tendrás mucha más confianza a la hora de empezar un nuevo libro.

Así que, una vez que hayas hecho el ejercicio al menos un par de veces, elige el libro que sientas que es el correcto «ahora». Siempre puedes repetir el proceso, con todo lo aprendido, más adelante.

El título: el secreto del éxito n°1

Puede que pienses que escribir un gran libro —un libro que la gente ame— es garantía de éxito. Siento decirte que esto no siempre es así, especialmente si no eres un autor/a conocido.

¿Sabías que Joanne Rowling, la autora de Harry Potter, fue rechazada por doce editoriales antes de conseguir que publicasen su primera novela que acabó convirtiéndola en la primera escritora de la historia en alcanzar los mil millones de dólares en ganancias? ¿Sabes cuánto ganó Joanne desde que escribió su novela hasta que llegó a manos de sus lectores (cinco años después)? Pues, exactamente... ¡cero euros!

Como ves, tener un libro que la gente ame y tener un libro que la gente compre, NO es lo mismo. Para ganar dinero con tu libro, este, sea bueno o no tan bueno, primero tiene que llegar a los lectores.

Hasta ahora, que tu libro llegase a tus lectores potenciales dependía de que *el tonto de la editorial* considerase que tu libro era digno de ser publicado, y te aseguro que hay tantos tontos dirigiendo editoriales —piensa, por ejemplo, en los doce tontos que rechazaron Harry Potter— como dirigiendo bancos —cazurros que ridiculizaron a Steve Jobs o a Jeff Bezos, de Amazon, en más de cuarenta ocasiones—.

Por suerte para ti, hoy en día, para llegar a tus lectores no hace falta que una editorial decida que tu libro es digno de ser publicado por ellos, *tan solo necesitas subir tu libro a Amazon... ¡y que este lo muestre!*

Esto, a diferencia de lo que ocurre con una editorial tradicional, no requiere de lamer ningún culo, de caerle bien a nadie ni de que tengas «la suerte» de que tu libro le guste a una única persona —que puede estar amargada porque no consiguió triunfar con su propio libro o simplemente puede tener un mal día—.

Para que Amazon promocione (muestre) tu obra, tan solo hay que hacer las cosas bien. Y esto comienza por **el título de tu libro**. Da igual lo bien escrito que esté tu libro, las vidas que sea capaz de cambiar, que vaya a revolucionar el mundo, ... Si Amazon no se lo muestra a tus lectores potenciales, ahí se acaba la historia. Punto. Finito.

5 claves para conquistar a Amazon (y a tus lectores) con el título de tu libro.

1. Espía a tu competencia.

Qué mejor sitio por el que empezar que revisando los títulos de tu competencia. Por propia experiencia puedo asegurarte que la mayoría de los títulos que vas a encontrar pueden clasificarse en una de estas tres categorías:

1. **Orientados 100% al SEO**[8]. Que los motores de búsqueda nos traten bien y nos coloquen en las primeras posiciones es un aspecto clave, pero sin olvidar que estamos escribiendo para personas y no solo para algoritmos matemáticos.

2. **Excesivamente creativos**. Llamar la atención es importante, pero igual o más importante es que cuando leemos el título de un libro... ¡sepamos de qué demonios trata!

3. **Aburridos**. Muchos autores escriben el título de sus libros procurando no destacar ni diferenciarse demasiado con el objetivo de abarcar al mayor número de personas, sin caer en la cuenta de que **cuando escribes para todo el mundo, no escribes para nadie**.

El objetivo de espiar a tu competencia es hacerte una idea del tono general que se respira en los libros de tu sector y **evitar cometer sus mismos**

---

[8] Search Engine Optimization (optimización para motores de búsqueda): proceso de mejorar la visibilidad de un sitio web en los resultados orgánicos de los diferentes buscadores de internet.

errores. Por supuesto, autores conocidos pueden permitirse escribir tanto títulos enormemente aburridos como excesivamente creativos y seguir vendiendo cientos de miles de ejemplares. Pero tanto para ti como para mí, toca hacer bien los deberes.

2. SEO mínimo viable.

No hay forma más rápida y efectiva de asegurarnos de que nuestro libro será mostrado a nuestros clientes potenciales que utilizando palabras clave, o *técnicas SEO,* en el título. ¿Por qué es tan sumamente importante el uso de palabras clave?

- Las palabras clave determinan el posicionamiento de tu libro en Amazon.
- Las palabras clave determinan el posicionamiento de tu libro en Google.
- Las palabras clave determinan en cuántas páginas de Amazon aparecerá tu libro, por ejemplo: «los clientes también compraron».

De todas las palabras clave de tu libro, las más importantes son las del título. No te preocupes, para emplear una buena estrategia SEO en él tan solo tienes que seguir estos sencillos pasos:

- Escribe en Google «*Google Keyword Planner*» y elige el primer resultado que aparece.

- Pincha en el botón «Planificador de palabras clave».

- Si no tienes una cuenta, tendrás que crearla en «Nueva Cuenta *Google Ads*» (tranquilo, es gratis).

- Pincha en «Descubre nuevas palabras clave», escribe todas las palabras y frases que te vengan a la cabeza relacionadas con la temática de tu libro y pincha en «Obtener resultados».

- Haz clic en «Promedio de búsquedas mensuales». De esta forma, todos los resultados se organizarán por volumen de búsquedas.

- Elige entre diez y quince resultados, con al menos mil búsquedas al mes, que pudieran servir como base para el título de tu libro. Quédate con aquellas que tengan competitividad *baja* o, en el peor de los casos, *media*.

Ahora que ya tienes tu lista de palabras clave, puedes pasar al siguiente punto.

3. Toca los puntos de dolor.

Las personas sacamos nuestras carteras sin pensarlo para aliviar un «dolor» presente (perder esos kilos de más, superar una ruptura...). Sin embargo, nos lo pensamos mucho más a la hora de prevenir un dolor futuro. Dicho de otra manera: *es más fácil vender ibuprofeno que vitaminas.*

El título debería centrarse en los mayores puntos de dolor que tu libro puede solucionar a los lectores: qué puede hacer este por los lectores y por qué esto debería interesarles. Primero, averigua cuál es el mayor punto de dolor de tu público objetivo y después, en el título, muestra la solución a ese dolor.

4. Muestra tu personalidad.

Si has leído mi libro *Branding Low Cost* sabrás que hago mucho hincapié en el concepto de «diferenciación de marca». Este término viene a decir que es más importante (y rentable) ser **diferente** que ser **mejor**.

No debes tener miedo de mostrar tu personalidad: es un arma tremendamente poderosa que te permitirá diferenciarte y destacar por encima de tu competencia. Para verlo más claro, te voy a poner un ejemplo:

a) Título 100% SEO: *Cómo escribir un libro: escribir y publicar un libro en Amazon.*

b) SEO + Personalidad: *Cómo escribir y publicar tu libro en Amazon si odias escribir.*

Este segundo título puede parecerte algo arriesgado. Muchas personas podrían pensar que, si odias escribir, es que no eres un escritor de verdad; o que, si no te gusta escribir, deberías dedicarte a otra cosa.

Puede que estés pensando que así vas a «perder» a una gran parte de clientes potenciales. Pero permíteme que te lo repita una vez más (como tuvieron que repetírmelo a mí hasta que al fin lo entendí):

Cuando escribes para todo el mundo, no escribes para nadie.

5. Añade un límite temporal.

Ya tienes un título que reúne los ingredientes necesarios tanto para conquistar a Amazon, gracias al SEO mínimo viable que has aplicado, como a tus lectores, tocando sus puntos de dolor y diferenciándote de tu competencia con un toque de personalidad.

Tu cliente potencial ya tiene claro el resultado que puede esperar de tu libro y solo nos queda por decirle cuándo obtendrá dicho resultado. Vivimos en la sociedad del aquí y ahora por lo que tu posible cliente, inevitablemente, va a preguntarse cuándo llegarán los beneficios prometidos. ¿Por qué no anticiparnos y responder a su pregunta?

Puedes utilizar cientos de expresiones: «en menos de una hora», «en 30 días», ... Únicamente debes llevar cuidado de no crear expectativas poco realistas.

Ahora que ya lo tenemos todo, podemos juntarlo y aplicar la siguiente **Fórmula para un Título Perfecto**:

FTP = palabras clave (SEO) + solución (punto de dolor) + personalidad + límite temporal.

Ten en cuenta que no siempre podremos, querremos o será recomendable utilizar todos y cada uno de los elementos. Por eso, te aconsejo que crees, al menos, dos combinaciones y que hagas una pequeña encuesta entre tus amigos y familiares para ayudarte a tomar perspectiva y dar así con la opción con mayor potencial de éxito.

A estas alturas ya tienes un buen motivo que te empuje y te ayude a superar los bloqueos del escritor que puedan surgir por el camino, has dado con la idea perfecta para tu (primer) libro y has elaborado un supertítulo que te inspire y te ayude a mantenerte enfocado. **Es hora de empezar a escribir**.

Cómo escribir tu libro

Como ya te he confesado, desde siempre he considerado escribir como uno de mis mayores puntos débiles. Que mi primer libro, de poco más de treinta mil palabras, me llevase cuatro años terminarlo, es buena prueba de ello. Nunca hubiese podido imaginar que algún día me dedicaría a escribir libros de forma profesional y, mucho menos, a ayudar a otras personas a escribir los suyos.

Por suerte, el día que decidí que quería convertir el escribir en un modo de vida (y no en una tortura de cuatro años por libro), contaba con un arma muy poderosa, una cualidad que considero mi mayor superpoder: LA PEREZA.

Soy una persona muy **perseverante** (o cabezona, como ya sabes) y si me propongo algo, busco el modo de conseguirlo. Pero también soy **tremendamente perezoso**. La mezcla de estas dos cualidades tan opuestas da como resultado algo maravilloso, y es que siempre acabo encontrando el camino más fácil para conseguir aquello que quiero.

Esta forma de hacer las cosas de modo eficiente resulta que se conoce como **Principio de Pareto** o **Regla del 20/80** (u 80/20), que establece que, de forma general y para un amplio número de fenómenos, aproximadamente **el 80% de las consecuencias proviene del 20% de las causas**.

- El 80% de la riqueza la acumula el 20% de la población.
- El 80% de los recursos de un hospital son utilizados por el 20% de los pacientes.
- El 80% de los ingresos de una empresa proviene del 20% de los clientes.
- El 20% de la moqueta de tu casa/oficina recibe el 80% de las pisadas.
- Etc.

Aplicar este principio en el ámbito académico me permitió ser siempre el primero de la clase a pesar de ser de los que menos tiempo dedicaba a estudiar, o en el ámbito deportivo, tener el mejor físico de entre todos los «fuertacos» del gimnasio entrenando una séptima parte que los demás.

Con esto quiero decir que no por dedicar menos tiempo a una tarea, encontrando la forma más eficiente de realizarla, los resultados vayan a ser peores, sino todo lo contrario. Centrarte en los aspectos más importantes en lugar de intentar abarcarlos todos, hará que consigas **mejores resultados con menos esfuerzo**. Y eso mismo vamos a aplicar a la tarea de escribir tu libro.

Para ello he desarrollado un sistema que se compone de **3 sencillas fases**: crear un **mapa mental**, hacer una pequeña **investigación** y plasmarlo todo en un **esquema**.

1. La magia de los mapas mentales.

En esta primera fase vamos a emplear una herramienta muy utilizada para extraer información: los mapas mentales.

Al completar este ejercicio, te darás cuenta de que tienes mucho más sobre lo que escribir de lo que hubieses podido imaginar. Si te lo tomas en serio y le dedicas el tiempo necesario, tu libro prácticamente va a escribirse solo.

Al igual que hicimos con el título de tu libro, a la hora de crear tu mapa mental el uso de papel y boli ayudará a estimular tu creatividad y darás con más ideas que si optas por la versión digital.

Lo primero que tienes que hacer es escribir el título de tu libro (la idea principal) en el centro de tu hoja de papel y rodearlo con un círculo. Ahora toca exprimir tu memoria y tu creatividad: empieza a anotar alrededor del título todas las ideas que te vengan a la cabeza relacionadas con la temática de tu libro y conéctalas mediante líneas al círculo/idea central.

Piensa en los diferentes temas de los que podrías hablar en tu libro: ejemplos, experiencias personales, otros libros relacionados, artículos que hayas leído o guardado, películas, …

Conforme vayas apuntando estas ideas o temas principales, se te irán ocurriendo nuevos subtemas relacionados con los primeros. Dibuja un nuevo círculo sobre los temas principales y anota los subtemas alrededor de estos tal y como hiciste con el título del libro, y así sucesivamente. Puedes usar colores, dibujos, recortes, etc.

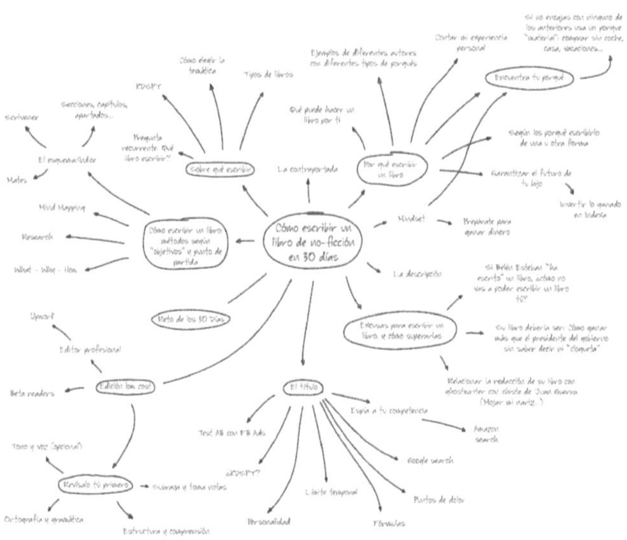

Tu mapa mental debería empezar a tener este aspecto.

Continúa trazando círculos y líneas con nuevas ideas durante tanto tiempo como puedas, con un mínimo de quince minutos. Utiliza un crono si es necesario.

Si te falta papel para seguir anotando, no dudes en pegar más hojas a continuación y sigue expandiendo tu mapa mental tanto como puedas. He visto mapas mentales que ocupaban más que una cama de matrimonio, así que no te cortes.

Dos normas que debes tener en cuenta mientras realizas este ejercicio:

1. Prohibido filtros.

No limites tu imaginación, cualquier idea que te venga a la cabeza vale. En este punto, nada está de más ni nada es demasiado loco.

2. Prohibido perfeccionismos.

Si tu mapa mental no es cutre... ¡no lo has hecho bien! Tu mapa mental NO está pensado para ser enmarcado, sino para sacar tantas ideas de tu cabeza como sea posible. Si intentas hacerlo medianamente bonito o estructurado, estarás limitando tu creatividad. Ya tendremos tiempo de darle forma en el tercer paso.

2. El poder de la investigación.

Ahora que ya hemos estrujado el hemisferio derecho de nuestro cerebro, y solo entonces, podemos empezar a hacer uso de la parte más analítica, el hemisferio izquierdo, del mismo. Es el momento de activar nuestros superpoderes investigadores.

A la hora de realizar el trabajo IMPRESCINDIBLE de investigación, me he encontrado con dos tipos de autores:

a) **Aquellos que aman investigar** (o son hiperperfeccionistas, como yo). Pueden pasarse meses o incluso años (doy fe) buscando cualquier resquicio de información acerca del tema que quieren abordar. Muy frecuentemente su libro nunca llegará a ver la luz.

b) Aquellos que se saltan la investigación. Encuentran el proceso de investigación tremendamente aburrido, así que dejan que sea su intuición la que dicte el camino.

Encontrar el equilibrio entre el exceso y el defecto de investigación es uno de los desafíos por los que pasarás durante el apasionante viaje de escribir tu libro.

Para terminar de completar tu mapa mental con aquellas ideas o puntos importantes que pudieses haberte dejado por olvido o desconocimiento, y además, **no caer en la parálisis por análisis durante el proceso de investigación**, vamos a hacer uso del Principio de Pareto o Regla del 80/20 que hemos visto al comienzo de este capítulo. Lo más difícil a la hora de aplicar este principio es descubrir cuál es el 20% de las tareas con el potencial obtener el 80% de los resultados.

Te presento a la «Santa Trinidad de la investigación para autores de no ficción»:

- El índice de contenidos de Kindle.
- Las reseñas de Amazon.
- Los tres mejores libros de tu sector (opcional).

a) El índice de contenidos de Kindle.

Entra en Amazon, busca los diez libros más vendidos sobre el tema o categoría de tu libro y haz clic en «Echa un vistazo».

Una vez dentro, lo único que tienes que hacer es desplazarte hasta el índice o tablas de contenidos. Dentro de la *Santa Trinidad* de la investigación para autores de no ficción, este es, sin duda, el Santo Grial.

Localización del botón «Echa un vistazo».

Además de anotar en tu mapa mental las nuevas ideas que encuentres investigando en el índice contenidos de estos diez *bestsellers*, este punto te permitirá ver:

- El número de secciones, capítulos y subcapítulos que suelen ser necesarios para tratar el tema de tu libro.
- Qué capítulos/ideas se repiten en todos los libros.
- Qué capítulos o ideas NO suelen incluirse en todos los libros. Tal vez tu libro tampoco los necesite (lo averiguaremos en el siguiente punto: las reseñas de Amazon).
- Cuántas páginas (o palabras) suelen dedicarse a cada tema.

Nota: que tengas que anotar en tu mapa mental las nuevas ideas que encuentres en estas tablas de contenido no significa que tengas que escribir sobre ellas. Eso lo decidiremos después y dependerá de nuestra estrategia.

b) Las reseñas de Amazon.

Este método de investigación te permitirá pasar de un libro «completo» a un libro que la gente ame y, además, al contrario de lo que sucede con las tablas de contenido, este método no lo usa prácticamente nadie.

Si hacemos bien nuestros deberes, desechando las reseñas aburridas o genéricas (del tipo «me encanta este libro», «odio este libro», «el libro no llegó a tiempo», ...) y nos centramos en aquellas más específicas y detalladas, podremos descubrir:

- **Qué puntos echan de menos los lectores**. Si encuentras que son varios los lectores que echan en falta un tipo de información en todos o la mayoría de libros que tocan la temática sobre la que vas a escribir, habrás dado con una mina de oro: aprovéchala para diferenciarte y sobresalir entre el resto.

- **Qué puntos podemos ahorrarnos**. Tal vez podamos saltarnos aspectos demasiado básicos o debamos excluir otros excesivamente técnicos que solo consiguen molestar a nuestros lectores. Recuerda siempre para qué tipo de público estás escribiendo tu libro. No intentes abarcarlo todo. Menos es más.

- **Qué aspectos realmente han conquistado a los lectores**. Tal vez sea la claridad o la estructura con la que están escritos, puede que sea el uso de ejemplos, el haberse sentido identificados con el escritor/a... Presta atención y toma nota.

- **Qué aspectos han enfadado a los lectores**. Pueden ser cosas tan simples de solucionar como errores gramaticales o la generación de expectativas irreales en el título o en la descripción del libro. Procura no caer en sus mismos errores.

c) **Los tres mejores libros de tu sector** (opcional).

Si estás pensando en escribir un libro, imagino que ya habrás leído los mejores títulos sobre el tema que has elegido y, si no es así, sería muy recomendable que lo hicieses. Seguramente no encuentres más ideas leyéndote estos libros que revisando sus tablas de contenido y sus reseñas (o tal vez sí), pero tienes que saber contra quién vas a competir. No porque tengas que copiarlos ni hacerlo mejor que ellos, pero sí para hacerte una idea de **qué ha hecho de estos libros los nº1** y, sobre todo, **cómo diferenciarte**.

Si tu mapa mental ya era algo enrevesado antes de iniciar el proceso de investigación, una vez terminado puede ser un completo caos. No te preocupes, esto es algo normal. Es hora de dar forma a ese caos.

Truco Pro: esto es algo opcional, pero yo, una vez que he «terminado» mi mapa mental por escrito, dedico media horita a pasarlo a digital mediante alguna aplicación web como *MindNode*[9] (disponible para móvil y PC). Así, cuando me surge una nueva idea en cualquier otro momento, puedo añadirla a mi mapa mental. Llevar la versión física tamaño cama de matrimonio contigo no es nada práctico.

---

[9] *soykevinalbert.com/mindmap*

¡IMPORTANTE! No tomarte el interés o tiempo necesarios para crear este mapa mental de tu libro puede llevarte a pasar horas y horas sentado delante de una página en blanco, dándote cabezazos contra la pared porque no sabes qué demonios escribir.

Fallar al crear tu mapa mental probablemente implique fracasar al crear tu libro. No cometas este error.

3. La estructura de los esquemas.

Una vez que hemos exprimido la magia de los mapas mentales, añadiendo nuestra *investigación mínima viable*, es hora de dar estructura a esta magia. Vamos a convertir nuestro caótico mapa mental en un esquema estructurado y fácil de seguir, que nos servirá como GPS.

Al igual que tu GPS evita que tengas que pisar el freno de tu coche a fondo cada vez que llegas a una intersección para asomarte por la ventanilla y preguntar por dónde se va a Roma (te aseguro que, a la hora de escribir un libro, no todos los caminos llevan a la bella capital italiana), el esquema de tu libro te permitirá despreocuparte del camino y disfrutar del viaje de escribir.

Para conseguir que nuestro mapa mental se convierta en un buen GPS (y no ese que te grita «gira bruscamente» mientras vas por mitad de la autovía), vamos a tener que pasarlo por tres sencillas revisiones.

Revisión 1: encuentra las secciones, capítulos y subcapítulos.

Lo primero que tenemos que hacer es dar un paso atrás y tomar perspectiva. No permitas que los árboles no te dejen ver el bosque. ¿Eres capaz de encontrar los temas principales o secciones en los que dividir tu libro?

Coge un nuevo folio en blanco y escribe estas secciones arriba del todo a modo de encabezados. Una vez hecho esto, quiero que coloques el resto de ideas (todas) debajo de la sección en la que mejor encaje. Si ves que alguna idea encaja más de una sección, añádela en ambas y conéctalas mediante flechas.

Una vez tengas todas las ideas apuntadas, rodea con un círculo aquellas que puedan servir como los capítulos de tu libro y únelas a través de flechas con los subcapítulos o puntos que quieres tratar en estos capítulos principales.

ESCRIBE TU LIBRO	PUBLICA TU LIBRO	VENDE TU LIBRO
Cómo escribir tu libro	Autopublicar vs Editorial	Cómo conseguir reseñas
El título	Por qué elegir Amazon	Amazon bestseller en 24H
Qué escribir	La portada	AMS: Publicidad en Amazon
La descripción	KDSPY	Divide y vencerás
Por qué escribir un libro	La contraportada	Juega con los precios
La magia de los esquemas	La descripción	Lead-magnet
El poder de la investigación	Cómo fijar el precio	Afiliación
Cómo escribir un libro		

Este es el aspecto que empezará a tener tu esquema:

No temas dejar ideas fuera, estamos en pleno proceso de destilación y es lo que se supone que debe pasar. Si tu libro puede prescindir de aspectos demasiados básicos y/o de aquellos muy avanzados, elimínalos sin miedo. No tienes que hacer el libro más completo sobre una determinada materia, sino que tienes que hacer un libro diferente sobre la materia que has elegido tratar.

Recuerda: Diferente es mejor que mejor.

Nota: si tu libro no es muy largo, posiblemente no necesites crear secciones y los encabezados de este primer esquema sean directamente los capítulos.

Revisión 2: digitaliza tu esquema en una secuencia lógica.

Una vez tienes identificadas tus secciones, capítulos y subcapítulos, es hora de pasar del papel al ordenador. Lo único que tienes que hacer mientras digitalizas tu esquema es ordenar todos estos puntos en una secuencia lógica que permita un seguimiento fluido de tu libro por parte del lector. Empieza con las secciones, después completa estas secciones añadiendo todos los capítulos y, por último, incluye los subcapítulos.

Puede que tengas que ir más allá de estos subcapítulos e incorporar puntos o subpuntos. Profundiza todo lo que sea necesario. Estos puntos y subpuntos no tienen por qué aparecer en el índice de tu libro, pero te ayudarán a la hora de escribir.

Revisión 3: haz las mates.

Pasamos ya a la última revisión, que dará como resultado el esquema/índice «definitivo» —sobre el que empezar a trabajar— de tu libro. Para esta última revisión vamos a necesitar una calculadora.

¿Te habías planteado ya cuántas páginas quieres que tenga tu libro? Si no es así, es el momento de hacerlo. Puedes tomar como referencia tus libros favoritos o los *bestseller* sobre tu temática, aquellos que investigaste en el punto anterior. Ahora entenderás el porqué.

Pongamos que quieres escribir un libro de treinta mil palabras. Ahora divide esta cantidad por el número de capítulos que tiene tu esquema. Con este cálculo, ya sabes cuántas palabras debe tener cada capítulo de tu libro.

¿Qué importancia tienen estos números?

- Cuando sepas cuántas palabras eres capaz de escribir en una hora, sabrás el tiempo que debes dedicar cada día para terminar tu libro en el plazo que te hayas fijado.
- Podrás hacer una reorganización de tus capítulos, juntando unos o separando otros, en el caso de que veas que puede existir un gran desequilibrio entre ellos.
- Un número de palabras muy bajo por capítulo puede indicarte que tal vez fuese buena idea dividir tu libro en varios libros. Este sería un

buen momento para hacerlo y crear dos o más esquemas a partir de tu esquema principal. En ocasiones, las secciones pueden constituir muy buenos libros por sí solas.

Si has ido siguiendo todas las indicaciones de este capítulo, en este punto tienes en tus manos un esquema de valor incalculable con el que empezar el reto *Escritor en 30 días*.

Si has preferido dar primero un repaso general a este capítulo —o a todo el libro— antes de ponerte manos a la obra —cosa que me parece genial—, quiero insistirte en la importancia de no saltarte este punto. Si no te tomas el tiempo necesario para completar los pasos que hemos visto hasta ahora, escribir tu libro puede convertirse en una auténtica pesadilla. Preparar un buen esquema para tu libro puede llevarte varias horas, o incluso días, pero te ahorrará varios meses o años de trabajo. Por favor, no intentes coger un atajo en este punto: tu esquema es el atajo. Te aseguro que me lo agradecerás.

Reto: Escritor en 30 días

Una vez que has completado tu esquema, es hora de empezar a escribir tu libro. En este capítulo, voy a enseñarte cómo conseguir terminar de escribir el primer borrador de tu libro en tan solo 30 días (o menos).

Para unirte a este reto, únicamente debes comprometerte a seguir dos sencillas reglas:

1. No puedes empezar a editar hasta llegar al final de tu libro.
2. No puedes empezar ningún otro proyecto durante estos 30 días.

¿Aceptas el desafío?

Fuckeable Tournament: el nacimiento del reto Escritor en 30 días.

Como ya he comentado a lo largo del libro, una de mis muchas facetas es la de entrenador personal, pero no de esos que dicen que son entrenadores, sino entrenador personal de verdad, ¡con estudios y todo, hombre!

Los más de veinte años de experiencia, el haber trabajado con cientos de clientes (tanto profesionales como *amateurs*) y, sobre todo, el haber aplicado la Regla del 20/80 a mi metodología de trabajo, me permitió empezar a garantizar resultados hace ya muchos años.

Antes de empezar a trabajar con un cliente, fijamos unos objetivos, generalmente anuales, y si no los alcanzamos, les devuelvo su dinero (TODO). A día de hoy todavía no he tenido que devolverle el dinero a ninguno de estos clientes. Esto es, obviamente, porque tengo un muy buen sistema de trabajo... pero también porque siempre me guardo un as en la manga: **los retos o torneos**.

Por muy bien que se hagan las cosas, en el *fitness* pueden aparecer (y aparecerán) épocas de bloqueos o *mesetas* en las que se deja de evolucionar durante unas pocas semanas o incluso meses. Esto es algo normal y que, a menudo, tan solo requiere de paciencia. Pero como yo garantizo resultados, y perder un año de sueldo no es plato de buen gusto, llegados a este punto organizo una minicompetición o torneo que dura entre treinta y sesenta días.

Durante estos torneos no se entrena más duro ni durante más horas, y tampoco se sigue una dieta más estricta. Sin embargo, **siempre** permiten superar los bloqueos o mesetas y, en ocasiones, avanzar más de lo que se había avanzado en un año entero. ¿Cómo es esto posible?

1. **Objetivos a corto plazo.** Los objetivos a largo plazo son, sin duda alguna, los más importantes, pero la lejanía en el tiempo puede

hacer que pierdan su papel motivador. Un objetivo a corto plazo es más fácil de medir y visualizar, lo cual multiplica su poder.

2. **Motivación intrínseca**. Los contextos competitivos encierran un componente de desafío en el que los participantes tienen la posibilidad de comparar sus habilidades con las de otros competidores y evaluar su logro personal. Es por ello que siempre busco a otro/s cliente/s al que le apetezca participar o, en el "peor" de los casos, compiten contra su *trainer*, yo.

3. **Motivación extrínseca**. El ganador, además de la recompensa que ya supone haber mejorado su aspecto físico en un tiempo récord, se lleva un premio acordado previamente entre los participantes. A veces, también incluimos castigos :)

4. **«Presión» o apoyo social**. Una de las cosas que pido a mis clientes durante los torneos es que publiquen su objetivo en sus redes

sociales. En el momento en el que compartes tu objetivo con tu entorno, es como si este se hiciese más real. Sentir que hay personas pendientes de tu evolución aumenta tu compromiso, y por supuesto, en ocasiones también recibirás su apoyo y su aliento.

Es tal la evolución que se consigue con este tipo de retos que, desde hace unos añitos, empecé a aplicármelos a mí mismo y creé los *Fuckeable Tournaments:* unos torneos creados para competir con mis amigos y darnos ese empujoncito extra de cara al verano.

Como comprenderás, no puedo enseñarte los torneos de mis clientes particulares... aunque sí puedes ver estos torneos entre amigos. Era condición indispensable para participar que me dejasen enseñar sus fotos ;)

No te asustes → *www.fuckeable.com*

Viendo el potencial de estos retos, decidí diseñar el reto *Escritor en 30 días,* en el que se aplican los mismos principios y una metodología muy similar a la de los torneos de *fitness,* consiguiendo los mismos resultados extraordinarios en un tiempo récord. Sin ir más lejos, yo ahora mismo estoy escribiendo este libro aplicando este sistema y compitiendo contra mi chica y un buen amigo.

¿Impaciente por saber en qué consiste este reto exactamente?

Escritor en 30 días: El reto.

Al igual que ocurre con los retos *fitness*, el reto *Escritor en 30 días* va a permitir convertir un proceso que por lo general es muy duro, en un viaje estimulante e incluso divertido.

Para una mejor comprensión y seguimiento, he dividido el reto en 3 pilares fundamentales: planificación, organización y competición.

1. Planificación.

a) Define el objetivo final.

Debemos comenzar con el fin en mente. El primer paso será determinar tu objetivo final para este reto: **terminar el primer borrador de tu libro en 30 días**.

Como cuando llegues a este punto ya habrás hecho los deberes y, entre otras cosas, sabrás el número de capítulos que tendrás tu libro y el número aproximado de palabras que te gustaría escribir en total, puedes concretar más todavía:

Tu objetivo final sería entonces: **escribir X capítulos** (el total de tu esquema) en 30 días **o escribir X palabras** (el total de tu libro) en 30 días.

b) Establece tu objetivo diario.

Pongamos que quieres escribir un libro de 30.000 palabras y 10 capítulos en 30 días. El siguiente paso sería dividir este objetivo final en objetivos diarios, dividiendo entre 30. De esta forma, tu objetivo diario sería escribir un capítulo cada 3 días o 1.000 palabras al día.

Saber cuánto tienes que escribir cada día te proporciona una información muy precisa de tu evolución, indicándote si alcanzarás tu objetivo en el plazo establecido, o no.

c) Fija metas semanales.

Puede que no todos los días puedas o te apetezca dedicar el mismo tiempo a escribir tu libro; habrá ocasiones en las que estés más motivado y escribas mucho más de lo establecido en tu objetivo diario y, por el contrario, otras en las que apenas avances unas pocas palabras. Es por esto que es importante marcarnos metas o hitos intermedios.

En este reto, lo ideal es dividir el objetivo final en cuatro e ir revisándolo cada semana. Siguiendo con el ejemplo anterior, tu objetivo semanal serían dos capítulos y medio por semana o 7.500 palabras.

2. Organización.

a) Establece un horario de escritura.

La mejor forma de progresar con tu libro es planificar tu día por adelantado y reservar bloques de tiempo específicos en los que puedas centrarte completamente en escribir, a ser posible siempre a la misma hora y en el mismo sitio. Piensa que intentamos crear una rutina que te facilite las cosas. Si esperas a que surja un hueco a lo largo el día para ponerte a escribir, NUNCA terminarás tu libro.

Te recomiendo reservar al menos una hora todos los días y, si algún día dispones de más tiempo y te sientes inspirado, prolóngala hasta que tu agenda te lo permita o se te acabe la inspiración. Por supuesto, esto dependerá en gran medida de las palabras que seas capaz de escribir cada hora y de la longitud de tu libro. Cuando llegues al final de la primera semana, revisa tu meta para la semana 1 y haz los ajustes que sean necesarios.

¿No sabes de dónde sacar el tiempo? A mí se me ocurren muchas ideas: puedes probar a levantarte una hora más temprano, acostarte una hora más tarde, recortar tiempo de televisión, de tus redes sociales o de tus ratos de ocio, dejar el gimnasio o tus clases particulares por un mes, etc. Obviamente, todo dependerá de tu grado de motivación o de lo importante que sea para ti escribir tu libro, pero es imprescindible que reserves tus bloques de tiempo por adelantado.

Si te es posible, trata de escribir en tus momentos de mayor productividad, aquellos en los que te sientes más fresco o creativo. Para algunas personas es a primera hora de la mañana, después de tomarse su primer café; otras se sienten más inspiradas antes de irse a dormir; otras, nada más despertarse de la siesta; ... Decide cuál es tu mejor momento y trata de mantenerlo todos los días.

Haz lo mismo con el lugar que eliges para escribir. ¿Te concentras mejor en casa? ¿Prefieres acudir a la biblioteca? ¿Puedes permitirte escribir desde la playa o un parque bonito?

Personalmente, yo escribo sobre las diez de la mañana —tardo un poco en despejarme— desde alguna cafetería con encanto —trato de ir variando— acompañado por mi portátil y mi bloc de notas. Siempre que intento hacerlo a otra hora o desde otro lugar, mi productividad se resiente muchísimo.

b) Desconecta.

En esta época digital en la que nos ha tocado vivir, siempre estamos conectados. Muchas personas, entre las que me incluyo, tenemos la necesidad de revisar las redes sociales de nuestro teléfono móvil o el correo de nuestro ordenador de forma compulsiva. A mí me molesta incluso ver el numerito encima del icono de una aplicación indicando que hay mensajes sin leer (es uno de mis TOCs).

Estas distracciones perjudican seriamente nuestra productividad y son un gran obstáculo en nuestra rutina de escritura. Es por ello que es tremendamente importante que te desconectes del todo cuando te sientes a escribir, especialmente si tienes facilidad para distraerte.

Apagar tu teléfono y desenchufar el wifi de tu ordenador son dos imprescindibles a la hora de empezar tu rutina. Haz lo que sea necesario para asegurarte de que la única cosa en la que podrás focalizarte durante este tiempo sea tu libro y nada más.

c) **Tu rutina de escritor.**

Ahora que ya sabes cuánto debes escribir cada día y que has reservado tus bloques de tiempo para escribir, vamos a ver en qué va a consistir exactamente tu rutina diaria de escritor.

Recuerda tu porqué (1 min). Tan sencillo como suena. Antes de ponerte a escribir, recuerda por qué has decidido escribir tu libro y anótalo por escrito.

Este sencillo ejercicio te ayudará a focalizarte y te ayudará a sacar fuerzas en los días más difíciles.

Mapa mental por capítulo (15 min). Cada día que te toque empezar un nuevo capítulo, vas a realizar un minimapa mental para ese capítulo en concreto.

Coge un folio en blanco, escribe el título del capítulo en el centro y rodéalo con un círculo. Ahora, saliendo de este círculo central, tal y como hiciste con tu esquema general, empieza a anotar todas las ideas que se te ocurran relacionadas con ese capítulo: puntos, subpuntos, ejemplos, historias, etc.

Completa tu esquema (5 min). Una vez que has terminado este minimapa metal, vuelve a tu esquema general y, si has dado con alguna nueva idea relevante, añádela a ese capítulo.

ESCRIBE (40-90 min). Usando tu esquema como GPS, conecta tu temporizador y escribe durante el tiempo que te hayas marcado. Puesto que ya sabes de lo que tienes que hablar y la secuencia en la que tienes que hacerlo, el proceso de escritura no tiene ningún misterio. Así pues... ¡Escribe!

En resumen, tu rutina diaria se verá así:

1. **Tu porqué**: 1 minuto.
2. **Mapa mental**: 15 minutos (solo los días que empieces un nuevo capítulo).
3. **Esquema**: 5 minutos (solo los días que empieces un nuevo capítulo).
4. **Escribir**: 40-90 minutos.

3. Competición.

a) Encuentra a tus competidores.

Competir contra ti mismo está bien. Marcarte objetivos diarios y metas semanales que cumplir te ayudará a superarte y a terminar tu libro en el plazo establecido. Pero no podemos negar que **competir**

contra otras personas, además, es divertido y muy motivador.

Uno de los factores más importantes para que un autor, especialmente si es primerizo, alcance el éxito (termine su libro), es la supervisión por parte de otra persona. Seguro que has visto varias películas en las que el *prota*, un escritor de éxito, se encuentra en un momento de bloqueo y con la tentación de tomarse un año sabático, pero como tiene a su editor encima de él día y noche, acaba cumpliendo con el plazo de entrega, la editorial decide renovarle el contrato, se casa con la chica y colorín colorado.

Pues bien, eso mismo (pero sin la parte cabrona) es lo que va a hacer tu competidor o competidores contigo. Bastará con que programemos unas pequeñas sesiones (en persona o por videoconferencia) en las que compartir nuestros objetivos y progresos diarios y semanales para activar nuestro chip competitivo y nuestro afán de superación y mejora. «Si ellos pueden, ¿cómo no voy a poder yo?».

En estas sesiones, no solo se comparten los objetivos y progresos (que ya de por sí suponen una gran diferencia), sino también nuestras mejores prácticas, dificultades que vamos encontrando en el camino, trucos que hemos descubierto y cualquier cosa que pensemos que puede contribuir a nuestro éxito y el de nuestros adversarios.

En los *Torneos Fuckeable* ni siquiera tenemos que programar estas minisesiones. El progreso, que se mide en forma de peso y grasa corporal, queda registrado automáticamente en la nube —pues todos tenemos la misma báscula inteligente—, y todos tenemos acceso a los datos de los demás. A esto, hemos añadido la monitorización de las calorías consumidas y la distancia recorrida (mediante la misma *app*) para poder hacernos una idea de por qué se producen —o no— estos progresos y, en su caso, poder copiarlos o aconsejarlos.

Nota: si no encuentras a ningún conocido que esté en tu misma situación contra quien poder competir, al menos busca a una persona de confianza dispuesta a revisar tus progresos diaria y/o semanalmente.

b) **Comparte tu objetivo públicamente.**

Además de compartir tus objetivos y progresos con tus competidores, te recomiendo que los compartas públicamente en tus redes sociales con tus amigos y familiares.

Esto añadirá un **compromiso extra** por tu parte. No es lo mismo decidir que vas a hacer algo, guardártelo para ti y, si cambias de opinión, aquí no ha pasado nada, que pensar que si te echas atrás vas a tener que explicarles a decenas de personas por qué has decidido tirar la toalla y aparcar ese objetivo que decías que era tan importante para ti.

Además, conseguirás un **apoyo adicional**, incluso de personas que no habrías imaginado. Tal vez, alguno de tus contactos ya haya pasado por el proceso de escribir un libro y esté encantado de seguir tu evolución y ayudarte en tu camino.

Por último, compartir públicamente que vas a escribir un libro es un medio de promoción (encubierto) extraordinario. Las personas que se impliquen y sigan tu evolución se sentirán parte del proyecto y estarán deseosas de comprar tu libro el día que lo publiques.

c) Celebra tus victorias.

Tener el hábito de celebrar tus logros y victorias, por pequeños que sean, encierra un gran poder en la consecución tus objetivos presentes y futuros.

Si has encontrado a tu oponente o grupo de oponentes, durante la primera minisesión que programéis, acordad el premio que se llevará el ganador o ganadores.

Si has echado un vistazo a los *Fuckeable Tournaments*, habrás visto que tenemos un premio individual (económico), pero también tenemos premios colectivos, como la «guarricena» o la sesión de fotos en la que inmortalizar nuestros cuerpazos de playa para la posteridad.

Si no has conseguido a nadie contra quien competir, decide antes de empezar a escribir una sola palabra cómo vas celebrarlo cuando el día 30 hayas completado tu libro. Escribir un libro es algo con lo que sueñan millones de personas, pero reservado a un selecto grupo de luchadores. No infravalores lo que acabas de conseguir y celébralo como se merece.

Una vez hayas celebrado el haber completado el primer borrador de tu libro como se merece, **es hora editar tu libro**.

Edición low cost

Lo sé, acabas de realizar una tarea titánica escribiendo tu libro, algo que el 99% de las personas quiere hacer pero nunca hará y, además, ¡lo has hecho en un tiempo récord! Entiendo que lo último que te apetece es empezar a revisarlo y corregirlo, pero tengo buenas noticias para ti. El primer paso en tu proceso de edición es... DESCANSAR. **Y no es opcional**.

Una vez festejado el haber terminado tu libro y dejado pasar al menos una semana, es el momento de desempolvar tu borrador y convertirlo en una auténtica obra de arte.

Spoiler alert: la primera vez que releas tu borrador, te parecerá cualquier cosa menos una obra de arte.

En el proceso de edición, tu libro va a pasar por tres manos: las tuyas, las de tus lectores beta y las de un editor profesional.

Fase 1: autoedición.

La primera revisión de tu libro te corresponde hacerla a ti. Además, va a ser una revisión triple. Esto significa que, en lugar de leer tu libro tratando de corregirlo todo de una vez, vas a leerlo tres veces prestando atención a un único aspecto en cada lectura. Si intentas arreglarlo todo de una sola pasada, se te hará muy cuesta arriba y tendrás la sensación de que no consigues progresar (y posiblemente así sea).

1. En la **primera revisión**, tan solo te está permitido **subrayar y tomar notas** de aquellos

errores e incoherencias que vas encontrando o de aquellos arreglos y mejoras que te gustaría hacer.

2. En la **segunda**, debes prestar atención en dar **coherencia y fluidez** a tu texto; reorganizando secciones e incluso añadiendo o quitando apartados si fuese necesario.

3. En la **tercera y última revisión**, ya solo te queda por repasar los errores de **ortografía y gramática**.

Ya está, tu libro está listo para pasar a la siguiente fase. No continúes revisando tu libro eternamente, este es uno de los mayores errores que puede cometer un escritor. Es mejor tener un libro completo imperfecto que un capítulo «perfecto» de un libro incompleto.

No lo olvides: «Hecho es mejor que perfecto».

Fase 2: lectores beta.

Si cuatro ojos ven más que dos, imagina lo que pueden llegar a ver cuarenta. Los lectores beta son una forma estupenda de obtener *feedback* durante el proceso de edición de tu libro; encontrando incoherencias en el texto, errores gramaticales, permitiendo que te hagas una idea de cómo será recibido tu libro por tus futuros lectores, etc.

Un lector beta es básicamente cualquier persona que accede a leer el borrador de tu libro y te ofrece *feedback* constructivo sobre este (más allá de «me ha gustado» o «no me ha gustado»). Tú te beneficias de sus correcciones y sugerencias y ellos obtienen una copia gratuita del borrador de tu libro.

Tus amigos cercanos y familiares no son los lectores beta más recomendables, pues es difícil que sean objetivos y tratarán de no herir tus sentimientos. Esto no es lo que necesitamos ahora.

¿Dónde encontrar a nuestros lectores beta? En primer lugar, busca entre las personas que han ido siguiendo los progresos de tu libro durante el reto del *Escritor en 30 días* a aquellas interesadas o con conocimientos en la temática de tu libro.

Si entre tus «seguidores» no has encontrado a nadie que cumpla estos requisitos o el número es muy pequeño, puedes encontrar nuevos lectores beta buscando en Facebook aquellos grupos interesados en tu temática en particular o en la lectura de no ficción en general.

Una vez tengas seleccionados a tus lectores beta, asegúrate de enviarles, además de la copia digital de tu borrador, unas sencillas indicaciones de lo que esperas de ellos. Puede ser desde un simple subrayado de los errores gramaticales que encuentren durante su lectura a una pequeña lista de preguntas específicas sobre el contenido de tu libro.

¿Qué debes buscar en el *feedback* recibido? Los comentarios que recibas de tus lectores beta no están para que modifiques tu libro atendiendo a todas sus sugerencias. Intentar complacer a todos no solo no es posible, sino que sería un gran error. **Lo que debes buscar son puntos comunes**. Encuentra aquellas sugerencias que más se repiten y decide si es necesario hacer unas últimas modificaciones antes de pasar a la tercera fase.

Fase 3: tu editor profesional.

Ya casi estamos. Hemos llegado a la tercera y última fase de la edición de tu libro, en la que terminaremos de convertir ese borrador caótico que empezaste a revisar hace unos pocos días en una auténtica pieza de museo.

Tu libro ya ha pasado por tus tres autoediciones y por la de tu equipo de lectores beta y puede que sientas la tentación de saltarte esta última fase y ahorrarte unos pocos euros. No cometas ese error.

Hay ciertas limitaciones en tus autoediciones y la de tus lectores beta. Tener un editor profesional que profundice en tu trabajo es **un paso muy importante que no debes omitir antes de hacer clic en el botón de publicar**.

Un buen editor será capaz de ayudarte a pulir tu borrador, suavizar pequeñas (o no tan pequeñas) meteduras de pata y ofrecerte sugerencias sobre cómo mejorar tu libro. Encontrar a un editor profesional es fácil, hacerlo a precios *low cost*, no tanto. Por suerte, he escrito un libro entero precisamente sobre este tema.

De todos los sitios en los que puedes buscar un editor para tu libro, te recomiendo *Upwork*[10], un *marketplace* o espacio virtual que pone en contacto a los mejores *freelancers* de todo el mundo con empresas o particulares que buscan a un profesional con talento.

---

[10] *upwork.com*

Básicamente, lo único que tienes que hacer es registrarte en la plataforma y publicar tu oferta de trabajo (la edición de tu libro) siguiendo los pasos que se te van indicando. Empezarás a recibir propuestas de decenas de *freelancers* interesados en editar tu libro. Tu único trabajo será encontrar al profesional que te ofrezca la mejor relación calidad/precio.

Cómo elegir a tu editor.

Lo mejor de trabajar con una plataforma como Upwork es que puedes revisar el perfil de todos los *freelancers* que se ofrezcan para editar tu libro: sus tarifas, su formación, su portfolio... y lo más importante: las reseñas de sus clientes.

Realmente puedes llegar a perderte entre tanta información y pasarte días revisando perfiles. Pero no será necesario. Así es cómo lo hago yo:

En primer lugar, descarto todas las propuestas de aquellos freelancers que no han ganado al menos 10.000€ en la plataforma y que no tienen un mínimo del 90% de satisfacción por parte de sus antiguos clientes. Solo con esto, ya habrás reducido la lista a unas pocas ofertas. Entre los profesionales que queden en pie, empieza a hacer un sondeo y revisa si alguno de ellos está especializado o ha revisado anteriormente libros sobre tu misma temática y márcalos como favoritos.

Ya solo queda hablar de tarifas.

Cuánto cuesta editar un libro en Upwork.

La respuesta es simple: **lo que tú quieras gastarte**.

Desde hace ya varios años, es raro la semana que no uso Upwork para algo (no te puedes imaginar la de cosas que puedes llegar a encargar). Lo primero que aprendí al trabajar con estas plataformas es que, al igual que en el mundo *offline*, los precios varían *hasta el infinito y más allá*.

Por el mismo libro (digamos de treinta mil palabras), editado por dos *freelancers* con el mismo grado de formación y experiencia, puedes esperar pagar desde 100€ hasta más de 5.000€.

Los precios oficiales por editar un libro están comprendidos entre 0,005€ y 0,015€ por palabra, y digo oficiales por que eso es lo que recomienda la *Editorial Freelancers Association*. Pero eso no quiere decir que no puedas encontrar tarifas muy superiores o muy por debajo con resultados similares. Esta diferencia **abismal** depende de diversos factores: el principal es el país de origen del *freelance*, pues no cuesta lo mismo vivir en España que en América, por ejemplo. Pero también puede depender de lo solicitado que esté el *freelance* o de lo «famoso» que sea.

Que esto no te desanime, precisamente esta es la magia de estos *marketplaces*. Recuerda: si el profesional tiene un 90% o más de satisfacción y ha ganado al menos 10.000€ en la plataforma, puedes estar prácticamente seguro de que obtendrás un buen trabajo.

Para que te sirva de orientación, en mis últimos libros, que tenían entre quince mil y treinta mil palabras, he pagado una media de 80€.

Truco: puesto que la página web de Upwork no tiene la opción de traducir por idiomas, si quieres poder leerla sin problemas tan solo tienes que usar el navegador Google Chrome y pinchar en el icono de traducción que aparece en la barra de direcciones URL del navegador.

Localización del icono de traducción en la barra de direcciones.

IMPORTANTE: aunque una vez que empieces a hablar con los diferentes *freelancers* podrás hacerlo en español, la propuesta de trabajo debes hacerla en inglés o te bloquearán la cuenta. Normas de Upwork. Con usar el traductor de Google será más que suficiente.

¡Chim-Pom!

Si ya has pasado tu libro por las tres fases de edición (autoedición, lectores beta y editor profesional), ahora sí, **tu libro está terminado**.

¡Lo has conseguido! ¡ENHORABUENA!

Y si eres hiperperfeccionista como yo y tienes la tentación de seguir revisando tu libro una y otra vez, aplazando innecesariamente su lanzamiento (por si acaso encontrases algo que mejorar o algún error gramatical que se te hubiese pasado), recuerda que: **Amazon te permite seguir haciendo modificaciones de tu libro SIEMPRE**, ¡aunque ya esté publicado!

Así que no tienes excusas. Si has seguido todos los pasos de este libro, estoy seguro de que tienes entre tus manos una obra que merece ver la luz. No prives al mundo de este privilegio y no te prives a ti mismo de semejante satisfacción.

Es hora de publicar tu libro.

Bueno, ¿y qué más?

Llegados a este punto no, me queda más que felicitarte:

a) Si es la primera vez que lees este libro y todavía tienes que ponerte manos a la obra, ¡felicidades! De todas las personas que hablan de escribir un libro, tú formas parte de ese pequeño 1% que pasa a la acción y decide formarse e informarse para hacer su sueño realidad.

En este libro has aprendido:

- **Cómo descubrir tu porqué**. Un motivo lo suficientemente importante como para no tener que depender de tu fuerza de voluntad o cabezonería.

- **Cómo superar los bloqueos del escritor**. En este momento conoces los obstáculos que pueden aparecer en tu camino y cómo vencerlos.
- **Cómo dar con la idea perfecta para tu libro**, incluso si pensabas que ya la tenías clara.
- **Cómo construir un título perfecto**, uno que enamore a Amazon y dispare tus ventas.
- **Cómo escribir tu libro en 30 días**. Te he desvelado el sistema exacto que me permitió pasar de escribir un libro en cuatro años a hacerlo en menos de un mes.
- **Cómo editar tu libro a precios *low cost***. Ya sabes los trucos para conseguir una edición profesional a precios de aficionado.

b) Y, por supuesto, si ya has escrito tu libro, ¡enhorabuena! Ya puedes decir con orgullo que **eres oficialmente escritor**.

Realmente, esto es todo un hito en la vida, uno por el que merece la pena brindar. Me encantaría estar ahí contigo para celebrarlo por todo lo alto. Tal vez algún día nos conozcamos y lo hagamos, pero mientras tanto, por favor, escríbeme para contármelo. Puedes hacerlo directamente a mi correo _books@soykevinalbert.com_ o mejor aún, contármelo en tu reseña en Amazon. Te estaré muy agradecido. ¡Ah! Tienes mi permiso para mencionar tu libro :)

¿Y ahora qué?

Sin duda, has dado el paso más difícil en el camino de todo escritor: has escrito tu libro.

Ahora toca: **¡publicarlo!**

- ¿Es mejor ponerse en manos de una editorial o decidirse por la autopublicación? ¿Qué pros y contras tienen cada una?
- ¿Cómo evitar caer en «**el timo de la editorial**»?
- ¿Es posible autopublicar con calidad editorial y con **mayores garantías de éxito**?
- ¿Qué pasos hay que seguir para **subir un libro a Amazon**?

- ¿Es mejor centrarse en Amazon o tener tu libro subido a cuantas más plataformas mejor?

- ¿Cómo **fijar el precio de tu libro**? ¿Qué hay que tener en cuenta?

Las respuestas a todas estas preguntas, y muchas más, las encontrarás en la segunda entrega de Triunfa con tu libro: **Cómo publicar un libro sin editoriales chupasangre**.

¡Cómo has leído!

En agradecimiento por el voto de confianza que me has dado al comprar este libro, **me gustaría regalarte la segunda parte de Triunfa con tu libro COMPLETAMENTE GRATIS.**

Así que, si quieres empezar a leerlo ahora mismo, puedes descargarlo a través del siguiente código QR:

Importante

Como todos mis libros, esta es una versión beta, es decir que, al igual que yo mismo (sí, soy un *macho beta*), irá mejorando con el tiempo y la experiencia. Para que esto sea así, **tu opinión es imprescindible**.

Por favor, déjame una reseña en tu plataforma favorita y **cuéntame qué te ha parecido**. ¿Qué es lo que más te ha gustado? ¿Hay algo que hayas echado en falta? ¿Añadirías o quitarías alguna parte? ...

Si por cualquier motivo mi libro te ha parecido una basura, por favor escríbeme un email y te devolveré el 100% de tu dinero por haberte hecho perder el tiempo y/o resolveré cualquier duda que haya podido quedarte.

El principal motivo que me empuja a seguir escribiendo es ayudar a las personas y si no lo estoy consiguiendo, gustosamente me dedicaré a otra cosa.

¡Un abrazo, amigo escritor!
Kevin Albert

¡Un regalo solo para ti!

¿Te gustaría leer **mi próximo libro completamente GRATIS**? ¡Escanea el código que aparece debajo y **apúntate a mi club de lectores**!

Te esperan grandes sorpresas: sé el primero en leer mis nuevos lanzamientos, escucha mis audiolibros de forma gratuita, consigue copias firmadas y dedicadas... ¡y mucho más!

Otros libros de Kevin Albert